10대를 위한

직장의 세계

스토리텔링연구소 지음

5 도시

(주)삼양미디어

머·리·말

　"인간은 사회적 동물이다"라는 말을 한 사람이 아리스토텔레스(Aristoteles)라고 흔히 알고 있지만, 아리스토텔레스는 "인간은 정치적 동물(zoon politikon)이다"라고 말했습니다. 그러나 이 말 역시 결국 인간이 사회의 자식이며, 사회 공동체의 형성자라는 것을 뜻합니다.

　사회적 동물(social animal)이란 인간이 개인으로서 존재하고 있어도 세상에 오직 혼자만 존재하는 것이 아니라, 끊임없이 타인과의 관계 속에 존재하고 있다는 생각에서 나온 용어입니다. 즉, 개인은 사회 없이는 존재할 수 없다는 것입니다.

　앞서 만든 〈10대를 위한 직업의 세계 시리즈〉는 다양한 진로, 진학, 적성, 취향 검사 방법 중에서도 세계적으로 가장 큰 공신력을 가지고 있고 한국에서도 가장 많은 검사 장소(온·오프라인)를 보유하고 있는 홀랜드 기법의 권위와 보편성에 바탕을 두고 기획하고 집필·개발하였습니다.

　홀랜드 기법을 통해 보편성에 내 적성을 맞춰보고, 또 오랫동안 살아남은 직업을 들여다보면서 내 진로를 택하는 것에는 큰 무리가 없습니다. 그러나 직업이란 것이 앞서 말한 것처럼 개별적으로 존재하는 가치나 독단적 행위나 방법이 아니라, 집단과 개인, 조직과 개인, 사회와 개인, 더 나아가서는 국가와 개인의 결합 구조를 가지고 있다는 점을 들여다봐야 합니다. 이 말은 내가 어떤 직업을 가지고 있다는 것은 유사한 직업의 또 다른 개인, 관련성 있는 직업의 또 다른 개인과 상호 접촉하는 교집합의 세계를 공유하고 있다는 말입니다.

결국 직업이란 경제적 목적과 자아 실현을 이루기 위해서 개인과 개인, 개인과 집단이 교집합을 이루고 상호 유기적으로 움직이는 사회생활의 방식입니다. 그래서 우리는 흔히 자신의 직업을 말할 때 "무슨 일을 한다"라고 말하기도 하지만, "어디에서 일한다"라고 말하기도 하는 것입니다.

하지만 지난 20년간의 청소년 진로 관련 책자 어디에서도 '어디에서 일한다'는 것을 근거로 책을 출간한 경우는 없었습니다. 해당 분야, 관련 분야, 대학의 학과 및 계열에 따른 분류가 있었지만, 어디에서 일한다는 직장을 근거로 한 책은 찾을 수 없었습니다.

〈직장의 세계〉는 여기에 방점을 두었습니다.

우리가 학교를 졸업하고 사회생활을 위해서 택하는 것은 직업이지만, 그 직업이 살아 움직이는 공간은 결국 직장입니다. 과거의 모든 직업과 진로 관련 책은 단지 어떤 나무가 되는 법에 대한 것만을 들여다보았지, 숲에서 한 그루의 나무로 살아가는 법을 알려주지는 못했습니다.

최근 인문학의 새로운 붐은 바로 이런 인간과 인간의 이해와 관계 설정에 대한 부족함과, 사회생활에서 만나는 개인과 집단의 불편함을 해결하려는 자연 발생적 기현상이라고 보아도 좋을 것입니다.

전작인 〈10대를 위한 직업의 세계〉가 결국 개인의 직업(業)이 가진 깊이에 대한 논의였다면, 이번에 제안하는 〈10대를 위한 직장의 세계〉는 그런 다양한 직업이 함께 어울려 살아가야 하는 넓이와 그물망 같은 연결의 시냅스, 곧 장(場)의 이해를 돕는 책이 될 것입니다.

– 스토리텔링연구소 〈이야기는 힘이 세다〉

차 • 례

I 학교와 교사

II 소방서와 소방관

III 법원과 판사

IV 주민센터와 행정 공무원

V 은행과 은행원

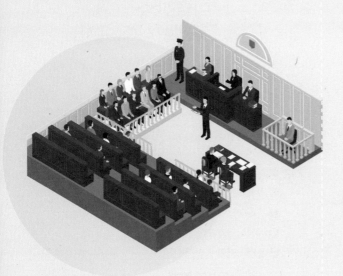

차 • 례

IX 공연장과 공연기획자

X 우체국과 집배원

누구나 처음으로 단체 생활을 하는 곳. 학교는 세상을 처음으로 배우는 곳이며, 학교에서 만나는 선생님은 우리에게 중요한 영향을 미친다.

유치원부터 시작해 초 · 중 · 고, 대학, 직업학교, 여러 특수 학교에 이르기까지 우리나라의 다양한 학교와 교사에 대해 자세히 알아본다.

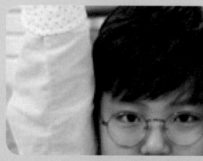

School

City

I
학교와 교사

City

01
학교 이야기

1. 학교란?

교사가 학생들을 집단으로 교육하는 기관으로, 교육에 필요한 교실과 체육관, 운동장 같은 시설을 갖추고, 여러 학생이 교사의 지도에 따라 지식을 얻기 위한 교육을 받고 다양한 활동을 하며 배우는 곳이다.

학교의 형태는 교육법에 규정된 초·중·고등학교, 대학교, 대학원이 있고, 그 밖에 방송통신대학, 개방대학, 기술학교, 기술고등학교, 공민학교, 고등공민학교, 특수학교, 유치원 등을 포함한다. 교육법 이외의 법률에 의한 기능 대학을 비롯한 직업 훈련소 등도 학교라 불린다. 국가마다 다르지만 교육 제도에 따라 교육의 기회를 균등하게 가지게 하도록 의무 교육이 시행되고 있고, 현재 우리나라는 국민 누구나 초등 교육과 중등 교육을 받을 권리가 있다.

(1) 학교의 기능

학교는 일차적인 사회적 기관으로 환경을 조성하여 기본적인 사회적 활동을 배울 수 있는 곳이다. 학생들에게 기초 과목을 가르쳐 학생들의 능력을 성장시키고 발달시키는 데 일차적인 목표를 두고 있다. 학생들이 기초 학문을 습득할 수 있도록 교육에 힘쓰면서도 학생들을 사회로부터 보호하는 기능을 한다.

더 나아가 인간의 내면적인 풍요로움을 배양하는 교양의 육성을 목표로 삼고 있다.

그리고 학교에서 직업 훈련을 받으면서 직업 결정 등 사회적 지위를 선택하고 준비하도록 돕는다. 더불어 일정 교육을 마친 후 성인이 되어 국민의 한 사람으로서 역할을 다할 수 있도록 교양의 육성을 통해 사회 변화에 간접적으로 기여하는 역할도 한다.

현대 사회의 급격한 변화 속에 학교 교육도 다양한 변화를 꾀하고 있다. 평생 교육, 인터넷 교육 등을 실행하는데, 사회생활을 위해 기초 능력을 육성하는 등 학교 고유의 임무를 기본 축으로 개혁을 추진해나가고 있다.

(2) 학교의 종류

우리나라는 모든 국민이 차별 없이 그 능력에 따라 균등하게 교육을 받도록 다음과 같은 학교를 설치하고 있다.

❶ 유치원 · 유아원(어린이집): 유치원은 만 4세부터 초등학교 입학 전까지의 유아를 보육하고 주로 심신 발달을 목적으로 한다. 정부에서 무상보육 제도를 시행하면서 사립 유치원에 비해 원비가 저렴한 국립 유치원이 인기가 많아져 대학교 입시 수준의 입학 전쟁을 치르고 있다. 이에 신청을 받은 후 추첨으로 입학생을 선발할 정도이다. 그리고 원어민 교사가 100% 영어를 사용하여 교육하는 영어 유치원이 큰 인기를 끌고 있다. 유아원(어린이집)은 2~4세의

유아를 대상으로 성장 발달에 적절한 환경을 조성하고, 교육적인 프로그램을 운영하여 이 시기에 해당하는 유아의 전인적인 발달을 도와준다. 아이들을 보호 관리하고 행동 요령 교육, 보건 위생, 식사 관리 등을 책임지고 있다.

❷ **초등학교 · 중학교 · 고등학교 · 대학교:** 초등학교, 중학교, 고등학교, 대학교가 4단계의 정규적인 학교이다. 초등학교는 6년 동안 기초적인 보통 교육을 하는 첫 의무 교육 기관이다. 공립 초등학교가 다수이며, 지역 학군에 따라 무조건 배정받는 형식이다. 중학교는 3년제로 교복을 입기 시작하며, 학교마다 배우는 교과서가 달라진다. 주소지에 따라 지망할 수 있는 중학교가 정해져 있고, 배정은 추첨으로 정해진다. 고등학교는 3년제로 의무 교육 기관이 아니므로 3개월에 한 번씩 수업료를 지급해야 한다. 대학은 이론과 응용 학문을 배우고 연구하는 대표적인 고등 교육 기관이다.

❸ **기술학교 · 고등기술 학교:** 국민 생활에 직접 필요한 직업의 지식과 기술을 연마함을 목적으로 하는 평생 교육 시설이다. 중학교와 고등학교에 해당하는 학교로서 수업 연한은 1~3년이다.

❹ **공민학교 · 고등공민학교:** 초등 교육을 받지 못하고 학령을 초과한 사람 또는 일반 성인에게 보통 교육과 사회 교육 및 직업 교육을 실시하는 학교이다. 공민학교는 3년제로, 현재 남아 있는 공민학교가 없는 실정이며, 고등공민학교는 1~3년을 수업 연한으로 한다.

❺ **교육대학 · 사범대학 · 전문대학:** 교육대학은 초등 교사 양성을 목적으로 하는 대학이고, 사범대학은 중등 교사 양성을 목적으로 하는 4년제 대학이다. 전문대학은 2~3년제로 실무 능력 향상에 초점을 맞추고 있다. 학사학위 전공 심화 과정을 포함하여 2+2년제, 3+1년제 시스템으로 운영하는 곳이 많다.

❻ **방송통신대학 · 개방대학:** 일정한 학교 교육을 마쳤거나 중단한 사람이 대학 또는 전문 대학 교육을 받을 수 있는 학교이다. 개방대학에서는 다른 학교의 연구 기관과 산업체 등에서 실시한 교육 · 연구 · 실습을 특정 교과목의 이수로 인정하는 학칙을 특색으로 한다.

❼ **특수학교:** 신체 및 지적 장애인들에게 보통 교육과 실생활에 필요한 지식, 기능을 가르치는 학교이다.

02
세계의 학교

1. 영국 최고의 명문 사립 학교, 이튼 칼리지

이튼 칼리지(Eton College)는 영국 잉글랜드 버크셔 주 이튼에 위치한 유명한 사립 중등 학교이다. 1440년 헨리 6세가 70명의 가난한

학생들과 소년 성가대원들에게 훌륭한 교육을 받게 해주려는 목적으로 세웠다. 세월이 흐르면서 규모가 차츰 확대되어 영국 명문 학교가 되었다.

(1) 이튼 칼리지의 주요 특징

이튼 칼리지는 설립 때부터 13~18세 남학생만 입학할 수 있었고, 이 전통을 현재까지도 유지하고 있다. 학교 경영은 수업료와 거액의 기본 재산 수입에 의존하고 있고, 문교부의 보조를 받지 않는 독립 학교이다. 초기에는 국가나 단체에서 학비를 지원받은 학생들이 많았으나, 점차 비싼 수업료와 기숙사 비용을 감당할 수 있는 상류층과 부유층 자녀들이 많이 입학하는 편이다.

△ 이튼의 교복

현재에도 1년 학비가 5,000만 원이 넘기 때문에 대부분의 학생이 귀족이나 명문가의 자제들로 구성된다. 그런데도 이튼 칼리지는 영국 사립 학교 경쟁률 중 단연 으뜸이며, 수많은 지원자 중 약 20%의 학생만 입학하는 추세이다.

학생 개개인에게 지도 교수를 배정하여 수업 시간 외에도 지도를 하는데, 교사들은 대부분 옥스퍼드나 케임브리지 대학에서 석사나 박사 학위를 받은 사람들로 질 높은 수업이 보장된다. 영어, 수학, 과학, 프랑스어, 라틴어, 그리스어를 필수로 배우고, 학생마다 자신이 원하는 과목을 선택하고, 원하지 않는 과목은 줄여나가는 시스템이다. 처음부터 수학, 자연 과학, 기술 교육 교과목이 있었던 것은 아니며, 오랫동안 인문주의적 교과 교육을 해오다 산업 발달 및 사회의 변화에 따라 교과 과목이 보충되었다.

또한 튜터 제도를 실시하고 있어 대학처럼 학생이 듣기 원하는 과목을 수강 신청하고, 교실을 옮겨 다니며 수업을 듣기 때문에 담임 제도가 없다. 학교에 기숙사를 보유하고 있어 모든 학생들이 기숙사에서 공동생활을 한다. 이러한 전통적인 기숙사 생활이 학생들의 인격 형성에 큰 영향을 끼치고 있다고 자부한다. 더불어 다양한 클럽 활동도 활

발히 하고 있는데 특히 체육 활동을 강조하는 것으로 정평이 나 있다. 방과 후 체육 활동은 필수이며, 이러한 정규 수업과 함께 집단적인 스포츠 경기를 한다.

이튼 칼리지의 교복은 지금도 연미복과 핀스트라이프 무늬 바지를 고수하고 있다. 우아한 인상을 주는데, 모든 학생이 같은 교복을 착용하지 않으며, 학생의 신분에 따라 달라진다.

(2) 이튼 칼리지의 자랑, 노블레스 오블리주

이튼 칼리지는 600년 가까운 세월에 걸쳐 셀 수 없을 정도로 많은 사회 지도층을 배출해내었다. 졸업생 중에는 영국 왕자들, 총리를 비롯한 많은 정치인, 문화계의 명사들과 과학·예술 분야의 유명인들이 쟁쟁하다. 특히 역대 총리를 19명이나 배출한 이력으로 유명하다. 로버트 월폴 경부터 웰링턴 공작, 글래드스턴, 최근에는 앤서니 이든과

해럴드 맥밀런이 있다. 시인인 셸리, 스윈번, 로버트 브리지 등도 있고, 소설가는 조지 오웰, 올더스 헉슬리, 헨리 그린, 시릴 코널리, 이안 플레밍 등이 있다.

음악가로는 〈지배하라, 영국이여〉의 작곡가 토머스 안, 〈예루살렘〉을 작곡한 허버트 패리 경, 재즈 트럼펫 연주자 험프리 리틀턴까지 다양하다. 과학자는 J. B. S. 홀데인, 역사학자는 스티븐 런시맨 경이 있으며, 이 외에 찰스 제임스 폭스, 오츠 선장, 그리고 최근의 윌리엄 왕자와 해리 왕자를 들 수 있다.

이튼 칼리지 졸업생의 30% 정도가 영국 최고 명문인 케임브리지 대학과 옥스퍼드 대학에 입학하며, 그 밖에도 에든버러 대학, 임페리얼 칼리지, MIT(매사추세츠 공과대학), 하버드 대학 등 세계 유명 대학에 진학하고 있다.

(3) 이튼 칼리지만의 특별한 교육 철학

이튼 칼리지는 공부보다는 체육을 통해 함께하는 정신과 애국심, 사명감을 강조하고 있다. 매년 이튼 액션이란 행사를 열어 지역 사회에 기여하고 사회에 대한 봉사와 헌신을 실천한다. 다음의 졸업식 송별사에는 이튼 학교가 추구하는 가치가 잘 드러나 있다.

"우리 학교는 자기만 출세를 하거나 자기만 잘되기 바라는 사람은 원치 않습니다. 사회나 나라가 어려울 때 제일 먼저 달려가 선두에 설 줄 알고, 주변을 위하는 사람을 원합니다."

이러한 이튼 교육이 진면모를 드러낸 일화가 있다. 제1, 2차 세계대전 당시 이튼 칼리지 학생들이 세계 평화를 위해 대거 참전했으며, 무려 1,905명의 재학생과 졸업생이 목숨을 걸고 참전했다가 가족의 품으로 돌아오지 못했다. 당시 희생자 수는 다른 학교의 8배나 되었다. 이튼 칼리지의 명성은 이러한 역사를 기반으로 한 것이다.

정문 운동장에는 헨리 6세의 1719년 조각상이 서 있는데, 이곳은 세계대전에서 목숨을 잃은 희생자들을 추모하는 곳이기도 하다. 웰링턴 공작은 이런 말을 남겼다. "워털루 전투의 승리는 이튼 운동장에서 시작되었다."

이튼 칼리지 학생들은 입학 당시부터 자기가 나라를 이끌어갈 사람이라는 특별한 생각을 하고 있다. 대학 진학과 취직을 위한 사람보다, 공부만 잘하는 사람보다, 포용성을 기르고 다른 사람을 배려하고 인성을 중요시하는 진정한 엘리트의 산실이다.

2. 미국에서 가장 오래된 대학교, 하버드 대학교

미국에서 가장 오래된 고등 교육 기관으로 미국 동부 8대 명문 사립 대학인 아이비리그에 속한다. 1637년 케임브리지의 옛 지명인 뉴타운에 대학이 세워졌고, 학교 이름을 케임브리지로 정했었다. 그러다 존 하버드 목사가 400여 권의 도서와 재산의 절반을 기증하면서, 그의 공적을 기리기 위해 지금의 하버드 칼리지로 학교명을 바꿨다. 하버드 대학교도 처음부터 규모가 컸던 것은 아니었는데, 최초의 졸업생은 9명뿐이었다. 처음 설립 목적은 목사 양성이었다. 일종의 신학교로 출발했다고 볼 수 있다.

△ 하버드 대학교

(1) 미국의 자랑이자 오래된 대학, 하버드

하버드 대학교는 가장 오래된 대학이면서 가장 부자 대학으로 손꼽힌다. 많은 기금과 500여 개의 건물, 90개가 넘는 도서관, 2,000만 권의 책과 자료들, 세계적인 명성을 가진 7대 박물관과 미술관, 그곳에 소장된 유물과 예술품들까지 하버드 대학이 소유한 자산 가치는 상상을 초월할 정도이다.

하버드 대학교가 교육하고 배출한 학생들 또한 하버드 명성에 포함될 것이다. 하버드 대학교는 47명의 노벨상 수상자, 32명의 국가수반, 48명의 퓰리처상 수상자를 비롯해 다양한 분야에서 수많은 유명 인사를 배출했다. 이 대학 출신의 미국 대통령으로는 시어도어 루스벨트, 존 F. 케네디, 조지 W. 부시, 버락 오바마 등이 있고, 그 밖의 유명인으로 콜롬비아 전 대통령 알바로 우리베, 한국의 반기문 UN사무총장, 1990년 노벨 생리·의학상을 받은 조지프 머리 등이 있다. 현재 32만 명 이상의 졸업생이 미국을 비롯해 전 세계 200여 개 나라에서 활동하고 있다.

재학 중인 학생은 2만 1,000명에 이르는데, 이 중 학부생은 6,700여 명인 데 비해 대학원생은 약 1만 4,500명에 이른다. 교수들은 약 2,000명, 행정 직원과 의과 대학 부속 병원의 의사는 약 1만 9,000 명이다. 학생과 소속 직원들을 포함하면 약 3만 5,000 명이다. 대학의 명성을 상징하는 로드 장학생 선발 수도 하버드가 5년 연속 전국 1등을 하고 있으며, 매년 학부생의 65% 이상이 장학금을 비롯한 재정 지원을 받고 있다.

(2) 역사를 엿볼 수 있는 시설

현재 크게 학부, 대학원 과정의 10개 대학, 래드클리프 고등연구소로 구성되어 있다. 전문대학원으로는 로스쿨, 비즈니스 스쿨, 메디컬 스쿨, 케네디 스쿨 등이 있다. 제1캠퍼스는 보스턴 도심에서 북서쪽으로 5.5km 떨어진 하버드 야드를 중심으로 약 85만m²의 부지에 조성되어 있다. 그 밖에 면적이 약 150만m²에 달하는 올스턴 캠퍼스가 있다. 하버드 의대, 치의대, 보건 대학은 보스턴 남서쪽 롱우드 메디컬 아카데미 지구에 있으며, 이곳의 면적은 약 8만 5,000m²이다.

무엇보다 하버드의 역사와 무게를 엿볼 수 있는 장소는 하버드 야드라고 불리는 중앙 교정(校庭)이다. 관광객들도 많이 찾는 것으로 유명한데, 이 교정을 한눈에 내려다볼 수 있는 중앙 도서관 와이더너 정면 계단이 사진을 많이 찍는 명소이다. 와이더너 도서관은 1912년 영국의 호화 여객선 타이태닉에 탔다가 죽은 하버드 졸업생의 어머니가 하버드에 200만 달러를 기부하여 세워졌다. 또한 존 하버드 동상은 거짓말로 유명한데, 동상에는 존 하버드 창립자로 적혀 있으나, 사실 그는 창립자가 아니고 기부자이고, 창립 연도도 잘못 적혀 있다. 그런데도 많은 관광객이 동상의 구두코를 잡고 사진을 찍어 도금이 벗겨져 있다. 또한 제1, 2차 세계대전, 한국전쟁, 월남전쟁 전사자를 추모하기 위한 전몰자 추모 교회도 규모가 상당하다.

그 밖에도 세계에서 가장 규모가 큰 대학 도서관으로 차일드 메모리얼 도서관, 언어학 도서관 등 90여 개의 부속 도서관에 총 2,000만 권의 도서가 비치되어 있다. 그 밖의 부속 기관으로 자연사 박물관을 비롯한 다양한 박물관과 미술관, 천문대 등이 있다.

❖ 하버드 대학교 도서관

03
학교의 대표 직업 - 교사

1. 교사란?

학생이 학교에서 가장 많은 시간을 함께 보내는 사람은 교사일 것이다. 교사란 일정한 자격을 가지고 학생들을 가르치는 일을 하며, 학습 지도를 하고, 학생들이 바른길로 갈 수 있도록 생활 지도를 하는 역할을 한다. 초등학교 교사는 전 과목을 지도하고, 중등 교사는 교사가 전공한 과목만을 가르친다. 교사는 과목에 대한 지식과 전달 능력, 통제력, 리더십, 판단력이 필요하며, 교육자로서 학생들을 잘 이해하고 사랑하는 마음과 도덕성, 투철한 사명감을 갖추는 것이 중요하다. 교사는 직급별로 하는 일이 조금씩 다르다.

❶ 2급 정교사: 학습 계획을 짜고 수업을 하며, 학생들을 평가하고 생활 지도를 하며 학급을 운영한다. 그 밖에 학교와 관련된 행정 업무를 처리한다.

❷ 1급 정교사: 1급 정교사와 2급 정교사가 학교에서 하는 일은 별 차이가 없다. 다만 1급 정교사는 보직을 맡는 경우가 있지만, 과목(체육 같은 경우)에 따라서 2급 정교사도 보직을 맡을 수 있다.

❸ 교감: 교장을 보좌하고 학교 교육 계획, 담임 배정, 업무 분담(각자가 해야 할 일을 맡기는 것), 학교 행사 운영, 문서 관리, 시설 관리, 교육 과정 운영, 대외 활동 등의 일을 한다.

❹ 교장: 학교 일을 전체적으로 관리하고, 교사들과 행정 직원을 지도 · 감독하며 학생을 교육한다. 교장의 임기는 4년인데 두 번까지 할 수 있다.

2. 교사가 하는 일

(1) 초등학교 교사의 업무

초등학교에서는 담임을 거의 필수로 맡으며, 도덕, 국어, 사회, 수학, 과학, 체육, 음악, 미술 및 실과, 영어 등 대부분의 교과목을 가르치는 것이 일반적이다.

정규 근무 시간은 오전 8시 30분~오후 4시 30분 정도이다. 학년에 따라 차이가 있지만 수업 시간은 하루 4~6시간 정도이다. 방과 후 지도는 교사가 직접 할 수도 있지만, 필수는 아니기 때문에 초과 근무를 할 일은 거의 없다. 초등학교 교사의 장점 중 하나는 출퇴근이 여유롭다는 점이다.

한편, 초등학교는 대부분 국공립 학교여서 보통 5년에 한 번씩 다른 학교로 이동하게 되는데, 특별한 경우가 아니면 같은 시도 거주지 근거리 내에 발령이 난다. 지금부터 핵심 업무인 교과 수업과 생활 지도 등 초등학교 교사가 하는 일을 구체적으로 살펴보자.

❶ 교과 수업과 창의적 체험 활동: 학교의 교육 계획과 수업 일수 등을 고려하여 각 교과목의 학습 계획안을 작성한다. 이에 맞게 필요한 교재나 학습 자료를 개발하고 준비한다. 교과목에 따라 실험 · 실습을 하거나 현장 체험 학습, 야외 수업을 통해 학생들의 학습 흥미를 높인다. 방과 후 지도를 맡기도 한다.

❷ **생활 지도:** 어린이들이 원만한 친구 관계를 맺고 다른 사람과 더불어 생활하는 법을 익히도록 돕는다. 학교생활 시 안전사고에 대비하고, 예절 및 성교육을 한다. 그 밖에 급식, 등하교, 환경미화 지도를 한다. 기본적인 생활 습관을 습득해야 하는 초등학생 시기에 생활 지도는 학습 지도만큼 중요하다.

❸ **학생 평가:** 학생 평가 계획을 세워 시험문제를 출제하고 채점하며, 과제물을 검사·평가한다. 그리고 학생들의 행동 발달 상황을 점검하고 지도한다. 필요하면 학부모 상담도 한다.

❹ **학교 행정 업무:** 학생들의 전학, 입학, 출석 사항 관리, 생활기록부 관리, 가정통신문 준비 등의 담임 업무를 한다. 그 외에도 학교 교육 과정의 편성 및 운영에 참여하고, 교직원회의에 참석하며 학교 행정 전반에 관련된 업무도 한다.

❺ **학급 경영:** 학급의 학생 조직을 만들어 학급회 활동 등을 시키며 민주적으로 관리·운영한다. 그리고 학생 개인의 가정환경, 개성과 성격, 특기와 특성 등을 파악하여 원만한 학급 생활 및 진로를 지도한다.

❻ **학교 행사 참여:** 개교 기념행사, 축제, 전시회, 발표회 등에 관한 계획을 세우고 행사를 추진한다. 또한 각종 체육대회, 견학, 체험 학습, 소풍, 사회봉사 활동 및 캠프 등에서 학생들을 관리·지도한다.

❼ **자기 계발:** 능률적인 학습 지도와 생활 지도를 위해 자격 및 직무 연수, 현장이나 연구 모임 활동을 한다. 방학 기간에는 교육청에서 주관하는 교사 연수 프로그램에 참여하거나 교육 과정 연구 등에 참여한다.

(2) 중등학교 교사의 업무

중등학교란 중학교와 고등학교를 말하며, 중등학교 교사는 담당 교과목을 가르치고, 학생들의 생활을 지도한다. 중등학교 교사는 대학에서 전공한 과목만 가르칠 수 있는데, 복수전공(대학에서 두 개 학과를 공부함)이나 부전공을 한 교사는 두 과목을 가르칠 수도 있다. 또한 고등학교에서 교사는 상담 교사의 역할을 맡아서 하기도 한다. 이 밖에 전문계 고등학교에는 농업, 공업, 상업, 해운 등 기타 전문 교과의 실기 교사와 보건 교사, 사서 교사 등이 따로 있어 특정 분야의 수업 및 업무를 담당하기도 한다.

정규 근무 시간은 보통 오전 8시 30분~오후 4시 30분이지만 보충 수업이나 자율 학습 감독 및 행정 업무 등으로 정규 근무 시간 외에 근무할 때가 많다. 일반적으로 하

루에 3~4시간의 수업을 담당하며, 특히 인생에서 중
요한 시기인 청소년기 학생에게 가치관을 확립해 주
는 안내자 역할도 한다. 학급 담임을 맡는 경우 서
로 다른 가정환경에서 자라고 다양한 개성을 가진
학생들을 지도해야 하므로 육체적·정신적 부담이
큰 편이다.

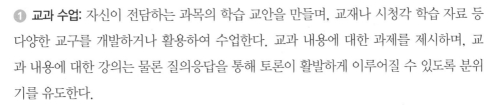

　　근무지는 초등학교 교사와 동일하다. 단, 실업계
고등학교나 특수학교에 근무하는 교사는 5년이 되기 전(보
통 4년)에도 이동이 가능하다. 특별한 사정이 있으면 한
학교에 8년(보통 교과 담당 교사)까지 근무할 수 있고, 실
업계 고등학교나 국제고, 과학고, 체육고 등의 전문 교과
담당 교사는 10년까지 연장할 수도 있다. 지금부터 중등학
교 교사가 하는 일을 구체적으로 살펴보자.

❶ **교과 수업:** 자신이 전담하는 과목의 학습 교안을 만들며, 교재나 시청각 학습 자료 등
다양한 교구를 개발하거나 활용하여 수업한다. 교과 내용에 대한 과제를 제시하며, 교
과 내용에 대한 강의는 물론 질의응답을 통해 토론이 활발하게 이루어질 수 있도록 분위
기를 유도한다.

❷ **진로 및 생활 상담 지도:** 공부와 진로, 이성 문제, 인성 문제, 사회 적응 문제, 친구, 가
족 문제 등에 대해 학생 및 학부모와 상담하거나 조언한다. 학교 내 폭력이나 따돌림 같
은 문제 해결을 비롯해 학생들의 전반적인 생활 문제에 대하여 교내에서 지도한다. 중
등학교 교사는 진로 지도가 굉장히 중요한 업무이다.

❸ **동아리 및 특별활동 지도:** 동아리 및 특별활동 등
학생들의 다양한 교내 활동 지도를 겸하기도
한다. 특히 실업계 고등학교에서는 학교
기업이나 창업 동아리를 만들어 같이 운
영한다.

❹ **학생 평가:** 교육 과정에 따른 학생 평가
계획을 세워 시험문제를 출제하고 채점하며,
과제물을 검사·평가한다. 학생들에 대한 평
가 결과를 집계하고 이를 문서로 보관한다.

❺ **학교 행정 업무:** 교직원회의에 참석해 학생 문제나 학교 행사 등과 같은 중요한 문제를 논의하며 지시된 사항을 학생들에게 전달하고 처리한다. 학생들의 입학과 전학, 출결 사항, 생활기록부, 각종 문서를 작성, 정리, 보관, 관리한다.

❻ **학급 경영:** 학급의 학생 조직을 만들어 학급 내 업무를 처리하는 체계를 갖추고 운영한다. 학년 부장이나 각 부장 교사와 긴밀히 협조하여 학급 내 학생들의 여러 가지 문제를 효과적으로 해결한다. 매일 조회와 종례를 실시하고, 학급회를 운영·지도하며, 학급 일지를 확인하고, 교실 환경미화와 청소를 지도하며 교실 비품을 관리한다.

❼ **학교 행사 참여:** 초등학교 교사와 동일하다.

❽ **자기 계발:** 초등학교 교사와 동일하다.

3. 교사가 되는 방법

교사가 되는 과정은 초, 중등학교 교사 모두 관련 대학에 진학하기→정교사 자격증 취득하기→임용고시 합격하기 순이다. 구체적으로 살펴보면 다음과 같다.

(1) 초등학교 교사가 되는 방법

❶ **교육대학이나 일반 대학 초등교육학과에 진학:** 초등학교 교사가 되려면 교육대학이나 초등교육학과가 있는 대학에 들어가야 한다. 우리나라에는 현재 전국에 10개의 교육대학이 있다. 전국 교육대학교는 초등 교사 양성을 전담하고 있으며, 서울교대, 경인교대, 공주교대, 청주교대, 춘천교대, 광주교대, 전주교대, 대구교대, 진주교대, 부산교대가 있다. 그 밖에 이화여대와 한국교원대, 제주대학교에 초등교육학과가 개설되어 있다.

❷ **초등학교 2급 정교사 자격증 취득:** 대학을 졸업한 후에는 '초등학교 2급 정교사' 자격증을 취득해야 한다. 자격증을 받기 위해서는 전공 과목 성적이 평균 75점 이상, 교직 과목 성적이 평균 80점 이상 되어야 한다. 또한 '학교폭력의 예방 및 대책' 과목을 이수해야 하고, 교직 적성 및 인성검사 적격 판정을 2회 이상 받아야 한다. 여기에 한국사능력검정시험에서 3급 이상 취득하여야 한다.

❸ **임용고시(채용시험) 합격:** 교원 자격증을 취득해야 임용고시를 치를 수 있는 자격이 주어진다. 임용고시는 시·도 교육청별로 실시한다. 시험은 전국에서 같은 날짜에 보는데

대체로 매년 10월 중에 공고하여 11월에 본다. 1차 시험은 교직(논술)과 교육 과정(서답형)이고, 2차 시험은 수업 실연과 심층 면접, 일부는 영어로 실시한다.

(2) 중등학교 교사가 되는 방법

❶ **사범대학이나 일반 대학 교육학과에 진학:** 중등 교사가 되려면 사범대학이나 일반 대학의 교육학과에 입학하여야 한다. 아니면 일반 대학에서 교직 과정을 이수하거나, 대학을 졸업한 후 교육대학원에서 교직 과정을 이수하는 방법도 있다. 인문계 중등학교 교사와 관련된 학과로는 윤리교육과, 국어교육과, 미술교육과, 사회교육과, 영어교육과, 체육교육과가 있다.

❷ **중등학교 2급 정교사 자격증 취득:** 대학을 졸업한 후에는 '중등학교 2급 정교사' 자격증을 얻을 수 있다. 비사범계열의 경우에는 교직 이수를 하면 2급 자격을 받는다. 다만, 반드시 교직 과목이 개설된 학과여야 하고, 1학년 성적이 10% 이내인 사람에 한하여 교직 이수를 할 수 있는 자격이 주어진다. 자격증을 받기 위해서는 전공 과목 성적이 평균 75점 이상, 교직 과목 성적이 평균 80점 이상 되어야 한다. 교육대학원에 입학한 경우에는 4학기를 이수한 후 교육 실습을 마치면 2급 자격증이 발급된다. 사범대학에 편입하여 획득하는 방법도 있다. 다만 3학년으로 편입하기 때문에 교직 과목과 전공 과목을 이수하다 보면 졸업이 늦어질 수도 있다.

❸ **임용고시(채용시험) 합격:** 임용고시를 치르기 위해서는 정교사 2급 자격증이 필요하다. 시험은 전국의 시·도에서 같은 날짜에 보는데 일 년에 한 번, 10~12월 중에 치른다. 1차 시험은 교육학(논술)과 전공 과목(서답형, 영어과는 영어 듣기 평가 포함)으로 필기시험을 보고, 2차 시험은 논술, 3차 시험은 수업 실연과 심층 면접으로 이루어진다. 1, 2차 합격 결과가 해당 연도에만 유효하므로, 2차 시험까지 합격했다고 하더라도 3차 시험에 불합격하게 되면 다음 해 임용고시에서 1차부터 응시해야 한다. 1, 2차 시험은 한국교육 과정평가원(www.kice.re.kr)에서 전국 공통으로 문제를 출제하여 치러지며, 3차 시험은 각 시·도 교육청 별도로 실시됨을 알아두자.

(3) 공립 학교 교사와 사립 학교 교사의 차이점

❶ 자격과 임용 주체: 공립 학교와 사립 학교 모두 교사 자격은 동일하다. 공립 학교의 경우 교장은 대통령이 임용하고 임기는 4년이며, 한 차례 더 할 수 있다. 교감, 교사, 장학사, 교육연구사는 교육부 장관이 임용한다. 사립 학교의 경우 교장은 학교법인 또는 학교 경영권자가 임용하고 임기는 4년이며, 한 차례 더 할 수 있다. 교감과 교사 역시 학교법인 또는 경영권자가 임용한다.

❷ 신분 보장: 공립 학교 교사는 공무원 신분이다. 따라서 전문적 지위나 신분에 영향을 미치는 부당한 간섭을 받지 않는다. 또한 형의 선고, 징계처분 또는 교육공무원법에서 정하는 사유에 의하지 않고는 그 의사에 반하여 휴직·강임(더 낮은 직급으로 임명) 또는 면직당하지 않으며, 권고에 의하여 사직당하지 않는다. 하지만 사립학교 교사는 공무원이 아니다. 기본적으로는 공립학교 교사와 같으나, 공립 학교 교사보다 신분 보장이 철저하지 못하다.

❸ 채용과 근무 학교: 공립 학교와 사립 학교 모두 공개 채용한다. 공립 학교 교사는 교육청에서 지정하는 학교에서 근무한다. 사립 학교는 근무할 학교에 개인이 지원해야 하며, 한번 채용되면 퇴직할 때까지 그 학교에서만 근무한다.

❹ 월급과 퇴직 연금: 급여는 공립 학교와 사립 학교 모두 같다. 사립 학교 교사의 퇴직 연금은 '사립학교 교직원 연금공단'에서 관리한다.

교사는 기본적으로 배우는 것을 즐겨야 폭넓은 지식을 쌓을 수 있다. 가장 중요한 자질은 학생들을 아끼고 사랑하며, 학생들이 비합리적이고 충동적인 모습을 보일 때도 마음을 열고 소통할 수 있어야 한다는 것이다.

또한 강한 체력과 감정 조절 능력이 필요하다. 학생들이 싸우거나 갈등이 있을 때 교사는 상황을 객관적으로 보고 이성적으로 대응해야 한다. 가정환경이나 교우 관계, 성적 불안 등 여러 가지 문제를 겪고 있는 학생들을 발견하고 필요한 도움을 주기 위해 학생들 하나하나를 살피는 세심한 관찰력이 필요하며, 교육에 대한 책임감을 가져야 한다. 교육은 한 아이가 어른이 되었을 때 사회에서 어떠한 역할과 행위를 하는가에 큰 영향을 주기 때문이다.

 교원 자격증 현황

구분		합계	교육부	시·도 교육청	대학	교육 대학	전문 대학	방송통신 대학	산업 대학	각종 학교	기능 대학	전공 대학
		• 시·도 교육청 : 2014. 1. 1.~2014. 12. 31. • 고등교육기관 : 2014. 3. 1.~2015. 2. 28.										
총 계	Total	63,686	-	21,026	18,584	3,920	16,918	1,476	329	-	280	1,153
중등학교	교 장	1,043	-	1,043	-	-	-	-	-	-	-	-
	교 감	1,223	-	1,223	-	-	-	-	-	-	-	-
	수석교사	87	-	87	-	-	-	-	-	-	-	-
	정교사 1정	4,280	-	4,280	-	-	-	-	-	-	-	-
	정교사 2정	13,818	-	330	13,356	-	-	-	132	-	-	-
	준 교 사	11	-	8	3	-	-	-	-	-	-	-
초등학교	교 장	1,278	-	1,278	-	-	-	-	-	-	-	-
	교 감	1,676	-	1,676	-	-	-	-	-	-	-	-
	수석교사	118	-	118	-	-	-	-	-	-	-	-
	정교사 1정	6,009	-	6,009	-	-	-	-	-	-	-	-
	정교사 2정	4,270	-	37	313	3,920	-	-	-	-	-	-
	준 교 사	1	-	1	-	-	-	-	-	-	-	-
특수학교	교 장	41	-	41	-	-	-	-	-	-	-	-
	교 감	38	-	38	-	-	-	-	-	-	-	-
	수석교사	2	-	2	-	-	-	-	-	-	-	-
	정교사 1정	683	-	683	-	-	-	-	-	-	-	-
	정교사 2정	1,248	-	12	1,236	-	-	-	-	-	-	-
	준 교 사	0	-	-	-	-	-	-	-	-	-	-
유치원	원 장	209	-	209	-	-	-	-	-	-	-	-
	원 감	336	-	336	-	-	-	-	-	-	-	-
	수석교사	3	-	3	-	-	-	-	-	-	-	-
	정교사 1정	2,318	-	2,318	-	-	-	-	-	-	-	-
	정교사 2정	9,723	-	25	2,116	-	5,841	1,476	113	-	-	152
	준 교 사	0	-	-	-	-	-	-	-	-	-	-
전문 상담 교사		1,092	-	910	182	-	-	-	-	-	-	-
사서 교사		125	-	2	123	-	-	-	-	-	-	-
실기 교사		12,395	-	1	640	-	10,415	-	58	-	280	1,001
보건 교사		1,158	-	204	381	-	555	-	18	-	-	-
영양 교사		394	-	152	234	-	-	-	8	-	-	-
기 타		107	-	-	-	-	107	-	-	-	-	-

4. 교사의 직업적 전망

교사는 안정적인 직업으로 선호되고 있으나, 취업 경쟁이 치열하여 일자리 전망 영역의 점수가 낮게 나타났다. 하지만 정년까지 보장되고, 근무 시간이 길지 않고 매우 규칙적이기 때문에 근무 여건에 대해서는 선호도가 굉장히 높다. 또한 차별이 적기 때문에 높은 수준의 고용 평등이 이루어지고 있어 여성들의 선호도가 굉장히 높은 편이다.

교사의 고용에 영향을 미치는 요인으로는 출산율 하락에 따른 학생 수의 감소와 같은 인구 구조의 변화와 교육 정책의 변화 등을 꼽을 수 있다. 서울시 학령인구(만 6세~21세 인구)는 2011년 180만 명(내국인 전체 17.6%)에서 2016년 150만 명(내국인 전체 15.1%)으로 감소했다. 그러나 교육부는 공교육의 내실화를 목표로 교원 1인당 담당 학생 수를 줄이기 위한 노력을 지속해왔다.

교사의 월급은 매달 받는 봉급(기본급)과 수당을 합친 것으로 이루어진다. 매달 액수가 조금씩 다른데, 매달 수당이 다르기 때문이다. 월급에서 공제액(세금 + 기여금 + 4대 보험료)을 빼고 받게 되는데 이것을 실수령액이라고 한다. 공제액 중에서 기여금은 나중에 퇴직하면 연금으로 돌려받는다. 봉급은 근무한 햇수에 따라 매년 조금씩 올라가고, 수당은 교사가 맡은 직책과 수업 시간 수, 가족 상황에 따라 달라진다.

중등 교사의 월평균 수입은 약 300만 원이다. 평균 연령은 약 40세이고 평균 16년의 학력을 보유하고 있으며, 평균 계속 근로 연수는 13년이다. 오른쪽 페이지의 봉급표를 보면 1~40호봉까지 나와 있고, 2016년도에 비해 2017년도 교사 연봉은 조금 올랐다. 여기에 여러 수당이 붙고, 일반 공무원이기 때문에 정근수당, 정근수당 가산, 가족수당, 명절 휴가비, 급식비, 시간외수당, 담임수당 등이 추가되면 금액은 더 클 수 있다.

호봉	봉급	호봉	봉급
1	1,573,100	21	2,998,100
2	1,620,700	22	3,108,800
3	1,669,100	23	3,218,600
4	1,717,200	24	3,328,500
5	1,765,800	25	3,438,500
6	1,814,300	26	3,548,800
7	1,862,100	27	3,663,900
8	1,909,900	28	3,778,700
9	1,958,400	29	3,898,800
10	2,011,500	30	4,019,300
11	2,063,300	31	4,139,400
12	2,116,400	32	4,259,300
13	2,212,800	33	4,381,100
14	2,309,600	34	4,502,600
15	2,406,200	35	4,624,300
16	2,503,100	36	4,745,400
17	2,598,900	37	4,850,900
18	2,699,100	38	4,956,500
19	2,798,900	39	5,062,300
20	2,898,500	40	5,167,400

〈개정 2018. 1. 18.〉

(1) 초등학교 교사

교육통계연보에 따르면 2013년 초등학교 교원은 181,585명으로 2008년 대비 5.4% 증가하였다. 초등학교의 학급당 학생 수를 감축하려는 정부 정책 속에 초등학교의 수가 다소 증가하고 있다. 초등학교는 2011년 591개소에서 2016년 601개소로 5년 전에 비해 10개소 증가했고, 학급당 학생은 2011년 26.8명에서 2016년 23.4명으로 3.4명 감소했다. 초등학교 교원 1인당 학생 수도 꾸준히 줄어들고 있어 2000년 28.7명, 2007년 22.9명, 2011년 17.3명, 2013년 15.3명, 2016년 14.8명으로 감소했다.

'2017 한국직업전망'의 직업별 고용 전망 결과에 따르면, 향후 10년간 초등교원의 고용은 현 상태를 유지하는 수준이라고 전망된다. 앞으로도 한동안 교원 1인당 학생 수를 OECD 기준으로 낮추려는 정부 정책은 지속될 것이며, 이는 초등학교 교사의 채용을 촉진하는 긍정적인 요인으로 작용할 수 있다. 농어촌 지역의 초등학교 교사의 일자리는

계속 감소할 것으로 예상되나, 상대적으로 과밀 학급이 많은 대도시와 중소 도시를 중심으로 일자리가 다소 증가할 것으로 예상한다.

2005년 초등학생이 400만 명(4,022,801명)이 넘었으나, 2017년 현재 초등학생은 약 267만 명(2,674,000명)으로 급감하고 있다. 이러한 초등학생 수의 감소는 향후에도 지속해서 나타날 것으로 전망되며 이는 초등학교 교사의 수요에 부정적 영향을 미칠 수 있다. 학생 수 감소로 인해 2005년 713명이던 학교당 학생수가 2017년에는 443명으로 줄었다.

저출산 현상은 1990년대 중반 시작되어 2000년대 들어 더욱 심화되고 있다. 따라서 저출산 문제의 심화에 따라 초등학교 교사의 일자리에 영향을 많이 미치는 초등학령 인구가 감소하면서 초등학교 교사의 채용 규모는 현재보다 다소 감소할 것으로 예상된다. 실제로 2018학년도 서울시 교육청에서 실시한 교사 임용고시 합격자 중 초등학교 교사는 382명으로, 교육 당국이 선발 규모를 큰 폭으로 줄이면서 인원이 지난해보다 53% 줄어들었다.

또한 장애인 선발 인원을 제외한 합격자 360명 중 여성이 320명, 남성이 40명에 그쳐 여전히 여초 현상이 극심하다. 건강한 남녀 역할 모델이 청소년에게 필수적임에도 이러한 여초 현상으로 인해 학생들의 성장과 인성 발달에 영향이 크며, 남자 교사의 부족으로 교내 폭력 다루기 등 생활 지도에 어려움도 클 것으로 예상된다. 앞으로는 초등학교 교사의 직업적 성취감을 높여 남성들에게 경쟁력 있는 직업군으로 만들기 위한 노력이 요구된다.

(2) 중등학교 교사

사범계열 대학 등 중등 교원 양성 기관을 통해 매년 배출되는 인력은 증가하는 데 비해 신규 채용 예정 교원 수는 제한되어 있다. 교육부는 매년 교과목별 교원 수요 변동, 교원 증원 상황 등을 반영하여 임용시험을 통해 선발할 중등 교사의 수를 정하고 있다. 연도별 중등 교원의 수를 보면 최근 들어서도 매년 소폭 증가하고 있음을 알 수 있다.

교육통계 현황에 따르면 2013년 중등학교 교원은 246,104명으로 2008년 대비 6.3% 증가하였다. 2014년 중등교원 임용시험 선발 인원의 규모는 5,431명이었으며 2015년도에는 3,257명을 선발하였다. 2018년 서울 공립 중등 교사는 전년 대비 265명 증가한 966명을 선발하기로 확정되었다.

2017년 초등학교 6,040개교, 중학교는 3,213개교, 고등학교는 2,360개교이다. 중등학교 학생 수는 과거 2000년대까지 증가하다가 최근 급격히 줄고 있는 추세이다. 한국교육개발원의 교육통계 서비스에 의하면 1999년도 중등학생은 약 415만 명이었으나 2013년에는 약 370만 명, 2017년에는 중학생 138만 1,334명, 고등학생 166만 9,699명이다.

교원 1인당 담당 학생 수는 꾸준히 감소하여 2017년 현재 중학교 교사는 1인당 12.7명, 고등학교 교사는 1인당 12.4명의 학생을 담당하고 있다.

교사를 지원하는 사람은 많고 인원은 제한되어 있어 경쟁이 치열하므로 중등교사로 취업하는 데 상당한 어려움이 예상된다. 최근 중등 교원 퇴직이 빠르게 증가하고 있고, 이는 신규 임용보다 더 큰 규모로 이루어지고 있다. 2018년 중등 교원 퇴직자는 2,567(국공립 1,520, 사립1,047)명이었다. 아울러 육아 등을 이유로 휴직하는 교사도 빠르게 증가하여 2005년 3,926명에서 2013년 1만 2,676명에 달하고 있다. 교육부는 결원을 보충하기 위해 기간제 교사를 채용하고 있다. 기간제 중등 교원은 2005년 1만 1,383명에서 2013년 3만 3,543명으로 증가하였다.

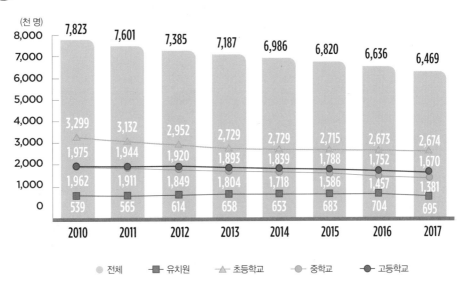

유, 초, 중등교육 전체/학교 급별 학생 수

Q 교사의 일과는 어떻게 되나요? 주요 업무와 함께 말씀해주세요.

교사는 학생들과 함께 학교에서 일어나는 모든 과정을 함께합니다. 교사의 업무를 크게 구분하자면 첫째 교과 수업, 둘째 담임 업무, 셋째 담당 업무로 나뉩니다. 저의 경우는 중학교에서 국어를 가르치고 있고, 학급 담임을 맡고 있으며, 도서관 업무를 담당하고 있죠.

아침에는 학급 학생들에게 그날 일과를 안내하고, 지각한 학생을 지도하고, 아침 청소를 하는 등의 활동을 해요. 그러다 보면 1교시 수업이 시작됩니다.

수업은 하루 평균 4시간 정도이고, 나머지 빈 시간에는 학급 담임으로서의 업무 및 관련된 공문 처리 등을 합니다. 그 밖의 시간에는 학교 도서관 관련 업무를 하는데, 도서 구매와 도서관 관리뿐만 아니라 독서 관련 대회 개최 등 우리 학교의 독서 교육과 관련된 업무 전반을 담당하고 있습니다.

점심시간이 되면 급식 지도를 하거나 우리 반 교실을 한번 둘러보기도 합니다. 점심시간에 학생들이 자주 다투거나 하기 때문에 종종 가서 지도해야 하지요. 오후가 되면 수업 진행을 하고, 종례하고, 청소 지도를 합니다. 학생들을 보내고 나서는 남은 업무를 처리하거나 회의나 연수가 있기도 하죠.

학생들과의 상담은 가능하면 쉬는 시간이나 점심시간에 하려고 하지만 시간이 부족하므로 방과 후에 하기도 합니다. 이러면 하루가 끝납니다.

Q 어떨 때 교사로서의 보람을 느끼세요?

학생들이 제가 생각했던 것보다 훨씬 성장한 것을 발견할 때예요. 예를 들어 제가 주제를 주면 학생들끼리 준비하는 발표 수업이 있는데요. 저는 이만큼 가르쳐줬는데 친구들끼리 협력해서 더 궁금한 내용을 조사하고, 더 많은 내용을 준비해서 발표하는 것을 지켜볼 때면 무척 뿌듯하죠.

Q 교사로서 가장 중요하게 여기는 점은 무엇인가요?

교사는 한 명이지만 학생은 스무 명이 넘잖아요. 그리고 아이들은 저마다의 개성이 있어요. 아이들은 학교에 와서 지식을 배울 뿐 아니라 좋은 인성을 갖추는 법도 배워야 해요. 그러기 위해 교사는 아이들의 감정 하나하나를 파악하고, 공감을 느끼며 챙겨줄 수 있어야 하죠. 아이들 하나하나의 특성을 살필 수 있는 섬세함과 많은 에너지가 필요해요. 그래서 저는 체력뿐 아니라 정신적으로도 항상 건강한 상태를 유지하려고 노력합니다.

> 인내심 이외에도 교사로서의 **책임감**도 많이 필요합니다.
> 그리고 그 밑바탕엔 **아이들에 대한 사랑**이 깔려 있어야겠죠.
> 아이들을 좋아하는 마음이 없다면 무척 힘들 것 같아요.

Q 언제부터 교사로 근무하셨나요?

2002년부터 기간제 교사로 일하였고, 2006년에 현재 학교의 정식 교사로 입사하였습니다. 우리 학교는 사립 중학교이기 때문에 공채 시험을 통해 들어왔습니다.

Q 직업으로 교사를 선택하신 이유는 무엇인가요?

어릴 때부터 선생님이 되고 싶다는 생각을 했고, 중고등학교 올라가면서 그 꿈이 구체화되었고, 대학에서 교직 이수를 하면서 실제적인 준비를 했습니다. 교사를 직업으로 선택한것은 아이들과 이야기하는 것이 좋아서, 내가 아는 것을 가르쳐주는 게 좋아서였는데, 막상 교단에 서보니 아이들의 이야기를 들어주는 것이 더 중요하다는 것을 깨달았어요. 또한 여행을 좋아하는 저는 교사가 되면 방학 때 여행을 많이 할 수 있을 거라는 기대감도 있었지요.

Q 기대를 충족했나요?

학생들처럼 저희도 방학이 되면 좋아요. 하지만 방학이라고 모두 쉴 수 있는 건 아니에요. 보충학습을 개설해서 수업하는 등 교사마다 맡은 업무가 달라요. 저 같은 경우는 도서관과 관련된 업무를 해야 하고, 학생 지도와 수업 연구 등을 위한 연수도 받아야 해요.

Q 교사가 되기 위해서는 어떤 과정을 거치나요?

초등학교 교사가 되기 위해서는 교대를 졸업해야 하고, 중등학교 교사가 되기 위해서는 사범대에 진학하는 방법, 일반 대학에서 교직을 이수하는 방법, 교육대학원에 진학하는 방법이 있어요.

교대를 졸업하면 교사 자격증이 나오고, 공립 학교 교사가 되기 위해서는 임용시험에 합격해야 해요. 그런데 요즘 교사 자격증을 가진 사람은 많은데 교사를 많이 뽑지 않아서 임용시험의 경쟁률이 엄청 높지요. 사립 학교의 교사는 공채시험을 통해 될 수 있습니다.

요즘 초중고 학생이 심각하게 줄어들고 있어서 사립 학교든 공립 학교든 신규 교사를 거의 채용하지 못하고 있답니다. 그래도 본인이 열심히 공부한다면 가능성은 있습니다.

Q 교사가 되기까지 가장 어려웠던 점은 무엇인가요?

임용시험의 벽이 너무 높아서 좌절을 많이 했어요. 졸업 후에 마냥 고시생의 신분으로 살기는 어려워서 기간제 교사를 하면서 임용시험을 준비했는데, 직장을 다니며 공부한다는 것이 심리적으로나 체력적으로나 힘들었지요. 저는 지금의 학교에서 기간제 교사로 근무하다가 어렵사리 공채 시험에 합격했는데 그때 아주 기뻤습니다.

Q 교사에게 필요한 자질과 능력은 무엇이라고 생각하세요?

무엇보다 인내심이 필요한 것 같습니다. 요즘처럼 가정에서 외동 혹은 둘 정도의 형제 사이에서 자란 아이들은 학교에서도 자신만 관심받기를 원하고 남을 잘 배려하지 못하는 경우가 많아요. 그래서 친구들과의 갈등도 많고, 그것을 바라보며 지도해야 하는 제 입장에서는 인내심이 필요할 때가 많습니다.

인내심 이외에도 교사로서의 책임감도 많이 필요합니다. 그리고 그 밑바탕엔 아이들에 대한 사랑이 깔려 있어야겠죠. 아이들을 좋아하는 마음이 없다면 무척 힘들 것 같아요.

전 사회적으로 안전 문제가 대두되는 요
즘, 우리 생명을 지켜주는 고마운 직업인
중 하나는 바로 소방관!

우리나라의 소방서는 어떤 조직으로 이
루어져 있으며 소방관이 되기 위해서는
어떤 자질과 능력이 필요한지 알아본다.
그리고 소방관들의 하루를 통해 생생한
그들의 직업 현장을 엿보자!

Fire Station

City

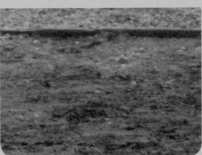

II

소방서와
소방관

01
소방서 이야기

1. 소방서란?

소방서는 태풍, 홍수, 폭발, 화재 사고 등으로부터 사람들의 생명과 재산을 보호해주고, 생활하면서 겪게 될지도 모를 재난에 미리 대비하여 피해를 줄여주는 일을 하는 기관이다.

소방관들은 장비를 갖추고 화재를 진압하는 업무와 긴급 구조 및 구급 업무를 한다. 화재 안전 법규에 따라 화재 예방 작업도 하고, 일반인에게 화재 위험에 관한 교육도 수시로 실시한다.

소방서는 1947년 화재 예방과 진압을 목적으로 개설되었으며, 1958년 소방법 개정으로 풍수해와 눈(雪) 피해에 의한 구조 활동이 추가되었고, 1983년에는 구급 업무가 또 다시 추가되었다. 1988년 서울 올림픽 때는 경기가 열리는 도시에 119 특별구조대가 설치돼 인명 구조 활동에 나서기도 했다.

많은 나라는 소방서를 호출하는 고유한 전화번호를 지정해두는데, 우리나라, 일본, 대만은 119, 미국은 911, 프랑스는 18, 호주는 000, 뉴질랜드는 111이다. 후진국 중에는 고유번호 없이 각 소방서 전화번호를 외워야 하는 나라도 있다.

🔻 2017년에 나온 전국 소방 통합 캐릭터 영이와 웅이

2. 소방관서의 종류

소방관서는 소방 장비와 인력을 동원하여 소방 업무를 수행하는 소방방재청, 시·도 소방본부, 소방학교, 소방서, 119안전센터 등을 모두 포함한다. 그중 소방차가 대기하고 있는 소방서가 대표적인 소방관서이다. 소방 조직은 소방본부·소방서·파출소·구조대·구급대·소방항공대·소방정대 등으로 구성되어 있다. 기본적으로 우리나라는 지자체마다 소방본부를 두고 있고, 산하에 각 시, 구, 군마다 소방서가 있다. 소방서 휘하에 119안전센터가 있다.

🔺 재난 대비 훈련

(1) 소방방재청

🔺 부산소방서 – 119 종합작전상황실

점차 재난과 재해의 규모가 커지고 있어 2004년 재난 관련 업무 체계를 일원화하기 위해 소방방재청이 출범했다. 소방방재청은 중앙 부처로서 우리나라에서 처음으로 112만 개의 국민 서명이 국회에 제출되어 설립되었고, 국가 단위의 소방 업무를 담당했다. 소방서, 119 구조대 등이 소방방재청에 속해 있었다.

소방방재청은 국가와 지방자치단체의 재난 관리를 체계적으로 했다. 재난이 일어났을 때 긴급 구조 통제단의 지휘 아래 현장에 빠르게 출동하여 가장 효율적으로 구조와 구급을 실시했다.

평소에는 국민들의 안전의식을 높이기 위해 홍보와 예방 활동을 실시했으며, 안전의식 강화를 위한 안전문화 운동도 펼쳤다. 2014년 11월 19일 국민안전처가 신설되어 국민안전처(중앙소방본부)로 업무가 이관되면서 폐지되었다.

(2) 시·도 소방본부

소방본부는 화재를 예방하고 진압하는 소방 업무를 담당하는 서울특별시, 광역시 및 각 도의 하부 조직을 말한다. 소방본부의 명칭도 자치단체에 따라 다를 수 있는데 소방본부, 소방재난본부, 소방안전본부 등과 같은 명칭을 사용한다. 일선 소방서의 상위 기관으로, 광역자치단체별로 설치하는 것이 원칙이다.

소방본부의 조직은 소방본부마다 조금씩 다르며 그 지역에 맞는 소방행정을 펼치지만 대개 소방행정과, 재난대응과, 방호과, 구급구조과, 예방과, 안전지원과, 소방감사반, 119 특수구조단으로 구성되어 긴밀하게 움직인다.

각 소방본부 산하기관으로 지역 소방서가 있다. 대표적으로 서울 소방재난본부는 서울시장의 소속으로 설치된 행정 기관으로, 산하에 25개 소방서, 1개 특수구조단, 1개 소방학교를 두고 있으며, 남산에 서울종합방재센터를 두고 있다.

현재 27개 자치구 중 금천구에만 소방서가 없는데 2020년에 금천소방서가 들어설 예정이다.

(3) 소방학교

◆ 중앙소방학교 정문

소방학교는 소방공무원을 교육하고 훈련하려는 목적으로 설립된 기관이다. 소방관을 양성하는 학교이기 때문에 일반인이 다닐 수 없으며, 현직 소방대원과 소방공무원 임용 예정자, 관계 종사자들이 다니는 일종의 연수원이다. 중앙소방학교와 각 지방 소방학교들이 있으며, 소방공무원 교육과 소방 업무의 연구 증진에 목적이 있다.

소방학교의 조직은 학교장 아래 2과(행정지원과, 교육기획과), 2팀(교육훈련원, 시험평가팀), 1실(소방과학연구실)로 구성되어 있다.

소방학교의 주요 업무는 교육 훈련, 연구개발, 시험 관리, 소방기술 정보 지원 등이다. 신임교육, 전문교육, 특별교육, 의용 소방교육, 국제교육, 민간 자원봉사자 교육 등의 과정을 운영하며, 위기관리 능력을 갖춘 소방 관리자, 특수 분야의 전문 소방 인력, 의무 소방원 등을 육성하고 있다. 교육 훈련과 더불어 소방행정의 발전을 위한 조사와 연구도 한다.

현재 서울소방학교, 부산소방학교, 광주소방학교, 경기소방학교, 충청소방학교, 경북소방학교, 인천소방안전학교 등 일곱 군데 지방 소방학교가 개설되어 있다.

교육 과정으로는 소방간부 후보생 양성, 테러 등 특수사고 대응 능력 양성, 공인 화재조사 전문가 양성, 소방 보조 인력 양성, 사이버 교육 과정 등의 프로그램을 운영한다. 그 밖에 다수의 소방대원이 외상 후 스트레스 장애에 노출되어 있어서 스트레스 관리 및 셀프마인드코칭 등에 대해서도 교육한다.

(4) 소방서

국민과 가장 가까이 있는 소방관서로, 소방 업무를 수행하는 일선 기관이다. 각 소방서에는 소방행정부서, 현장지휘부서, 예방부서가 설치되어 있다. 의용소방대는 평소에는 주민 속의 민간 소방관으로서 주민들의 요구와 의견을 소방서에 전달하여 생활 속에 소방행정이 반영될 수 있도록 하며, 인력 부족 시에는 소방공무원을 도와 안전한 동네를 만들어가는 데 밑거름이 되는 역할을 한다.

◆ 파주소방서

화재나 위급 상황 발생 시 119에 신고 전화를 하면 '신고→119종합본부 상황실 또는 관내 소방서 상황실 통보→신고자와 가까운 곳의 119안전센터, 구조대, 소방서 본서에 통보→출동' 순서로 처리된다. 구급 출동은 신고자와 가까운 안전센터나 소방서 본서, 구조 출동은 신고 지점을 담당하는 소방서의 구조대 및 안전센터, 화재 출동은 신고 지점을 관할하는 안전센터와 인접 안전센터에서 동시에 출동하며, 규모에 따라 해당 지역의 소방서 소속 소방차가 모두 출동해야 하기도 한다.

각 지역 소방서들은 창조적이고 실용적인 소방안전 서비스, 21세기 정보화 시대에 맞는 정보 체계 구축에도 힘쓰고 있다.

◆ 야로면 – 야로의용소방대

(5) 119안전센터

119안전센터는 소방서의 하위 기관으로, 화재와 구급 업무에 대응하기 위해 설치되었다. 경찰서의 파출소와 같은 기관으로 예전에는 소방파출소라 불렀으나, 오늘날에는 119안전센터로 명칭이 바뀌었다.

119안전센터는 지구대나 파출소처럼 현장의 최전방을 담당하기 때문에 가장 먼저 출동해서 상황을 해결하고 피해를 줄이기 위해 설치되었다. 우리가 주로 보는 일반 소방서의 119안전센터는 화재 진압대와 구급대로 나뉜다.

구조대의 종류에는 일반 구조대와 특수 구조대가 있다. 일반 구조대는 시·도의 규칙으로 정하는 바에 따라 소방서마다 1개 대 이상 설치하되, 소방서가 없는 시·군·구의 경우에는 해당 시·군·구 지역의 중심지에 있는 119안전센터에 설치할 수 있다.

특수 구조대는 소방 대상물, 지역 특성, 재난 발생 유형 및 빈도 등을 고려하여 수난 구조대와 화학 공장이 밀집한 지역에 설치하는 화학 구조대로 구분하여 지역 관할 소방서에 설치한다. 다만 고속국도 구조대는 직할 구조대에 설치할 수 있다.

소방관서 현황

구분	소방본부	소방학교	소방서	소방항공대	구조대	119안전센터
개수	18	9	200	15	22	966

소방공무원 정현원 현황

구분	소방총감	소방정감	소방감	소방준감	소방정	소방령
국가	1	2	8	18	22	36
지방				16	259	918
구분	소방경	소방위	소방장	소방교	소방사	계
국가	58	78	65	57	8	353
지방	2,487	7,753	10,673	8,981	8,122	39,209

〈국민안전처 2015년 통계〉

02

소방서의 대표 직업 – 소방관

1. 소방관이란?

소방관은 소방 업무를 직업적으로 수행하는 사람으로, 한마디로 국가의 모든 안전사고를 담당하고 있는 소방공무원을 말한다. 우리나라 소방관은 업무의 종류에 따라서 119 화재 진압대, 119구조대, 119구급대로 나뉘지만 모두 소방공무원이며, 소방학교에서 구조교육을 수료해야 한다.

우리나라에서 소방을 담당하는 사람은 소방공무원, 의무소방원, 의용소방대원이 있다. 또한 소방관 계급은 국가직 11계급, 지방직 10계급으로 나뉜다. 특정직 공무원인 군인, 경찰관, 소방관에 한하여 직급이 아닌 계급으로 불린다.

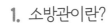

소방관이 되려면 몸이 튼튼하고 체력이 강해야 하며, 위험한 상황에서 신속하게 대처할 수 있는 민첩함과 순발력이 필요하다. 또 다른 사람을 도와줄 수 있는 봉사와 희생정신도 필요하다. 이 외에도 비상시에 동료와 함께 단합하는 협동심, 소방 차량 및 각종 진화 장비에 대한 철저한 준비와 안전의식이 요구된다.

2. 소방관이 하는 일

소방관은 담당 업무에 따라 내근직과 외근직으로 나눌 수 있다. 사무 요원(내근직)은 소방방재청, 소방본부와 소방서에 근무하면서 소방 일반행정 분야, 구조 · 구급행정 분야, 화재 예방 분야에서 일한다. 구체적인 업무는 건축 및 다중 이용 업소 인허가 등의 업무, 각종 건축물에 대한 소방검사 등의 화재 예방 활동 등이다.

현장 활동요원(외근직)은 담당 업무에 따라 크게 화재 진압 요원, 구조 요원, 구급 요원으로 나뉜다. 화재 진압 요원은 소방의 고유 업무인 화재를 진압하는 업무를 수행하고, 소방 기구, 호스 등 화재 진압 도구를 사전에 정비하고 소방시설을 관리하여 용수 공급에 차질이 없도록 한다. 구조 요원은 인명 검색과 구조를 담당하고, 구급 요원은 위독한 사람을 응급 처치하고 병원으로 이송하는 업무를 한다.

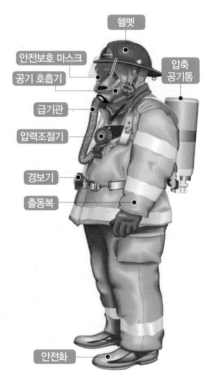

헬멧
안전보호 마스크
공기 호흡기
압축 공기통
급기관
압력조절기
경보기
출동복
안전화

이 밖에 소방항공대에 근무하는 소방관들은 소방항공기를 이용하여 인명 구조, 화재 진압, 응급 환자 공중 수송, 공중 방역 및 방제 활동 지원 업무를 수행한다. 수난 구조대는 강이나 호수에서 발생하는 각종 수난 사고 시 구조 활동을 한다.

(1) 화재 예방 활동

소방시설의 설치, 유지, 관리 및 위험물 안전관리를 지속적으로 한다. 매년 정기적으로 중점 관리 대상을 선정하여 소방검사를 한다. 화재가 발생하기 쉬운 겨울철이나 봄철, 사람이 많이 모이는 장소에 안전점검을 강화하고 특별 경계 근무를 하기도 하고, 일정 규모 이상의 건물과 시설 등에 대한 건축허가 시에 소방검사를 실시한다. 그리고 건물, 직장, 학교 및 시설 등에 대해 소방 안전교육도 시행한다.

(2) 화재 진압 활동

화재가 발생하고 5분 정도 지나면 불길이 커져 막을 수 없을 만큼 빠른 속도로 번지기 때문에 최대한 빨리 출동하여 5분 이내에 불을 꺼야 한다. 화재 진압과 인명 구조 기술, 서비스 업무 능력을 향상하기 위하여 도상 훈련과 취약대상 현지 적응 훈련을 수시로 한다. 도상 훈련이란 지도 위에 시설을 표시한 후, 도구나 부호를 이용해 실제 작전처럼 옮기면서 하는 훈련이다.

(3) 구조 및 구급 활동

교통사고, 붕괴 사고, 산악 사고, 폭발 사고 등이 일어난 현장에 출동하여 구조 및 구급 활동을 한다. 긴급구조 및 구급센터는 119안전센터로 통합되어 응급환자 신고와 상담, 병·의원 안내 등을 한다.

3. 소방관이 되는 방법

소방공무원은 공개경쟁 채용시험(공채)과 특별경쟁 채용시험(특채)을 통해 뽑는다. 공채는 소방령, 소방위(간부 후보생), 소방사를 선발하는 제도이다. 특채는 모든 계급을 대상으로 필요할 때 이뤄진다.

소방령 이상의 국가 소방공무원은 소방방재청장의 제청으로 국무총리를 경유하여 대통령이 임용한다. 소방준감 이하의 국가 소방공무원에 대한 전보, 휴직, 직위 해제, 강등, 정직과 복직은 소방방재청장이 행한다. 소방경 이하의 국가 소방공무원은 소방방재청장이 임용하고 지방 소방공무원은 시·도 지사가 임용한다. 소방간부 후보생은 소방학교장이 선발한다.

(1) 공개경쟁 채용시험

공개경쟁 채용시험은 지방공무원법 제31조의 결격 사유가 없고 지방공무원 임용령 제65조의 규정에 의한 응시 자격을 정지당하지 아니한 자, 도로교통법의 규정에 의한 제1종 운전면허 중 보통 또는 대형면허 소지자라면 누구나 응시할 수 있다. 나이 제한 이외의 학력 제한은 없다. 공채 응시 나이는 소방관은 21세 이상 40세 이하, 소방령은 25세 이상 40세 이하이다.

한편 부분적으로 응시 제한 연령을 연장하였다. 제대 군인과 공익근무요원, 공중보건 의사, 징병전담 의사, 국제협력 의사, 공익 법무관, 전문연구 요원, 산업기능 요원이 복무 기간이 만료되어 시험에 응시할 경우 근무한 기간만큼 나이를 연장할 수 있다. 군 복무 기간 1년 미만은 1세, 1년 이상 2년 미만은 2세, 2년 이상은 3세 연장된다.

시험 과목은 국어, 한국사, 영어는 필수이며, 소방학 개론, 행정법 총론, 소방관계법규, 사회, 과학, 수학은 선택이다. 필기시험을 통해 선발하고자 하는 인원보다 30% 정도 많이 뽑고, 그다음 체력시험과 면접시험을 치르게 된다. 체력시험은 약력, 배근력, 윗몸일으키기, 앉아 윗몸 앞으로 굽히기, 제자리멀리뛰기, 왕복 오래달리기로 6개 항목을 치른다. 평가 기준에 따라 1~10점까지 점수를 부여받고, 총점의 50%에 해당하는 30점 이상 득점해야 체력시험을 통과할 수 있다. 면접시험까지 무사하게 통과해야 최종 소방공무원이 될 수 있다.

(2) 특별경쟁 채용시험

시험 시기는 일정하지 않고 매년 시·도 지사가 요청할 때 실시된다. 최근 통계를 보면 매년 한 차례 특별경쟁 채용시험이 있었고, 3~5월에 실시되었다. 소방사의 경우 300~500명을 선발하는데 2,000~3,000명이 몰려 평균 경쟁률이 7 대 1 정도이다. 제1종 운전면허 중 대형면허 또는 보통면허를 가지고 있어야 한다.

특별경쟁 채용시험에서 나이 제한은 채용 분야에 따라 다르다. 구조, 소방정, 구급 분야는 20세 이상 40세 이하이어야 하며, 법무 분야는 23세 이상 40세 이하여야 한다.

시험 과목은 국어, 영어, 소방학 개론이다. 영어는 구조 및 구급 등 소방 활동에 필요한 생활영어로 이루어져 있다.

(3) 소방간부 후보생 시험

🔺 **소방간부후보생 재난 현장 구조 훈련**

소방간부 후보생 제도는 지식 정보화 사회에 대응할 젊은 인재의 필요성에 따라 1977년에 도입됐다. 기본 소양과 전문 지식 및 지휘 통솔력을 겸비한 초급 간부를 양성하기 위해서이다. 1기 46명을 시작으로 현재 700여 명의 간부를 양성하여 소방방재청을 비롯한 전국 16개 시·도 소방관서로 파견했다. 최근 시험 현황을 보면 경쟁률이 상당히 높다. 15기는 40명 선발하는데 1,825명이 지원해서 46 대 1의 경쟁률을 보였다. 17기는 20명 모집에 1,368명이 지원해 무려 69 대 1이었다. 2018년 치른 24기는 30명 모집에 901명이 지원해 30 대 1이었다.

시험은 인문 사회 계열과 자연 계열로 구분된다. 인문 사회 계열의 필수 과목은 헌법, 한국사, 영어, 행정법이며, 선택 과목은 행정학, 민법총칙, 형사소송법, 경제학, 소방학개론 중 2과목을 선택하여 치른다. 자연 계열은 헌법, 한국사, 영어, 자연과학개론을 필수로 치르며, 화학 개론, 물리학 개론, 건축공학 개론, 전기공학 개론, 소방학 개론 중 2과목을 선택해 치른다.

시험에 합격한 후에는 중앙소방학교에서 1년간 합숙 교육을 하면서 이론 수업과 함께 화재 진압 훈련, 특수구조 등 강도 높은 현장 실습 훈련을 받는다. 1년간의 초급 간부 교육을 수료한 후 소방위로 임명된다. 소방간부 후보생 시험이 인기가 높은 것은 합격하면 바로 지방 소방위가 되기 때문이다. 매년 1월에 시험이 있다.

4. 소방관의 직업적 전망

소방서 행정직원은 주간 근무를 하고, 파출소나 구조대에서 근무하는 출동대원은 3교대 근무 체계이다.

소방청에 따르면 일선 소방서 소방관들은 행정직과 현장직으로 나뉜다. 일반 사무를 보는 행정직은 오전 9시 출근해 오후 6시 퇴근할 수 있지만, 대부분 밀린 업무 때문에 늦은 시각까지 연장 근무한다. 현장직의 경우, 2008년 소방관의 열악한 근무환경 개선을 위해 도입된 3교대 근무가 주당 평균 근무 시간 50시간을 훌쩍 넘기고 있다. 인력 문제 등 현지 여건에 따라 임시로 2교대 근무하는 소방서도 적지 않다. 휴무일엔 동료 소방관의 눈치를 보며 미안함을 가득 담고 쉬어야 한다.

목숨을 걸고 현장에 출동하는 소방관들이 위험 근무 수당으로 받는 돈은 월 6만 원이다. 2002년 3만 원에서 그나마 오른 금액이다. 여기에 화재 진화 수당은 10년 동안 최대 월 8만 원에 묶여 있다. 최근 국민청원 게시판 등은 물론 각종 SNS에 '소방공무원 복지 향상' 키워드가 끊이지 않는 것은 이 때문이다. "위급한 현장에서 국민 생명을 구하는 소방공무원의 위험 수당과 장비가 너무 허술합니다!"라는 외침이 가득하다.

매년 평균 7명의 소방관이 순직하고 300여 명이 다치며, 전체 소방관의 40%가량이 외상 후 스트레스 장애를 호소하고 있다. 평균 수명은 58.8세, 근무 시간은 평균 주 56시간이다. 소방관의 안전과 처우 개선이 시급하다.

한편, 소방관이 매달 받는 보수는 크게 봉급과 수당으로 이루어져 있다. 봉급은 소방관의 계급, 일의 종류 및 근무 기간 등에 따라 지급하는 기본 급여를 말하고, 수당은 직책이나 일하는 상황 및 생활 여건 등에 따라 지급하는 추가 급여를 말한다.

경찰공무원 · 소방공무원 및 의무경찰 등의 봉급표

※ 월 지급액, 단위: 원

	치안정감 소방정감	치안감 소방감	경무관 소방준감	총경 소방정	경정 소방령	경감 소방경	경위 소방위	경사 소방장	경장 소방교	순경 소방사
1	3,877,000	3,490,300	3,148,900	2,827,400	2,542,400	2,196,300	1,962,300	1,818,800	1,651,600	1,530,900
2	4,012,900	3,619,800	3,265,500	2,937,700	2,639,900	2,290,700	2,054,800	1,900,200	1,728,900	1,603,500
3	4,152,300	3,751,000	3,385,400	3,049,700	2,741,000	2,387,000	2,148,500	1,986,500	1,810,500	1,680,400
4	4,294,800	3,883,500	3,506,300	3,164,300	2,846,200	2,486,200	2,244,700	2,077,100	1,893,700	1,762,000
5	4,440,700	4,017,700	3,629,100	3,280,500	2,954,100	2,586,800	2,343,300	2,170,900	1,980,200	1,844,300
6	4,588,400	4,152,200	3,753,100	3,397,800	3,064,200	2,690,100	2,443,000	2,267,000	2,068,900	1,928,400
7	4,738,300	4,288,400	3,878,600	3,516,200	3,176,000	2,795,500	2,543,500	2,363,900	2,157,900	2,008,900
8	4,889,600	4,424,500	4,004,400	3,635,200	3,289,200	2,901,900	2,644,200	2,461,200	2,243,300	2,086,500
9	5,042,800	4,561,500	4,131,300	3,754,500	3,402,700	3,009,200	2,745,300	2,553,800	2,324,900	2,160,900
10	5,197,000	4,698,500	4,258,100	3,873,700	3,517,100	3,109,500	2,840,800	2,642,300	2,401,900	2,232,400
11	5,350,900	4,836,000	4,385,000	3,994,000	3,623,800	3,204,400	2,930,500	2,725,700	2,476,700	2,300,700
12	5,509,900	4,978,200	4,516,700	4,107,100	3,726,900	3,296,900	3,018,700	2,807,600	2,549,700	2,368,300
13	5,669,900	5,121,400	4,639,100	4,213,100	3,824,700	3,384,300	3,102,600	2,885,400	2,619,900	2,433,400
14	5,830,300	5,250,900	4,752,600	4,311,900	3,916,000	3,467,700	3,181,500	2,959,800	2,686,800	2,496,400
15	5,970,400	5,370,400	4,857,200	4,404,900	4,002,100	3,546,000	3,257,400	3,030,800	2,751,200	2,556,700
16	6,094,800	5,479,900	4,954,900	4,492,600	4,083,200	3,621,200	3,328,500	3,098,100	2,813,300	2,615,100
17	6,205,200	5,580,800	5,045,600	4,574,100	4,159,600	3,691,000	3,396,600	3,162,600	2,871,300	2,672,200
18	6,303,500	5,672,800	5,129,900	4,650,200	4,231,400	3,758,200	3,461,000	3,224,300	2,927,700	2,725,300
19	6,391,500	5,757,900	5,207,900	4,721,300	4,299,300	3,821,200	3,522,100	3,282,300	2,981,700	2,777,500
20	6,470,400	5,835,600	5,280,900	4,787,700	4,362,800	3,881,000	3,580,200	3,337,700	3,033,200	2,827,300
21	6,543,100	5,906,500	5,348,500	4,849,800	4,422,600	3,937,300	3,635,400	3,390,500	3,082,400	2,874,200
22	6,607,800	5,971,700	5,411,100	4,908,000	4,478,800	3,991,700	3,687,700	3,440,400	3,129,700	2,919,400
23	6,662,500	6,031,300	5,468,900	4,962,700	4,531,900	4,041,600	3,737,000	3,488,500	3,174,600	2,962,400
24		6,080,000	5,522,800	5,014,100	4,581,400	4,089,600	3,784,400	3,534,400	3,218,000	3,003,600
25		6,126,500	5,567,200	5,061,300	4,628,300	4,135,100	3,829,600	3,577,700	3,259,100	3,042,900
26			5,609,500	5,101,200	4,672,400	4,178,100	3,870,900	3,619,200	3,299,100	3,078,500
27			5,648,800	5,138,000	4,709,000	4,218,300	3,906,300	3,654,400	3,332,300	3,109,100
28				5,173,200	4,744,200	4,252,700	3,940,500	3,687,100	3,364,400	3,138,600
29					4,776,500	4,284,600	3,972,600	3,718,800	3,394,700	3,167,100
30					4,807,900	4,316,000	4,003,000	3,749,000	3,424,100	3,194,800
31						4,344,900	4,031,900	3,777,400	3,452,600	3,221,900
32						4,372,400				

〈개정 2018. 1. 18.〉

비고
1. 경찰대학생: 1학년 286,200원, 2학년 321,700원, 3학년 356,200원, 4학년 447,400원
2. 경찰간부 후보생 및 소방간부 후보생: 임용 예정 계급의 1호봉에 해당하는 봉급의 80%에 상당하는 금액
3. 의무 소방원: 특방은 지원에 의하지 않고 임용된 하사 봉급 상당액, 수방은 병장 봉급 상당액, 상방은 상등병 봉급
   상당액, 일방은 일등병 봉급 상당액, 이방은 이등병 봉급 상당액
4. 의무경찰: 특경은 지원에 의하지 않고 임용된 하사 봉급 상당액, 수경은 병장 봉급 상당액, 상경은 상등병 봉급
   상당액, 일경은 일등병 봉급 상당액, 이경은 이등병 봉급 상당액

향후 10년간 소방관의 고용은 다소 증가할 것으로 보인다. 소방방재청 행정 자료에 따르면 2013년 소방관 취업자는 3만 9,519명으로 2008년 3만 627명에 비해 연평균 5.2% 증가하였다. 또한 2017년 공공부문 신규 일자리 창출 계획에 따라 소방공무원을 1,500명 추가 채용하는 등 사회적 분위기는 소방관련 직업에 우호적이다.

건물이 고층·심층화되고, 고압가스나 위험물을 이용한 에너지 사용량이 증가하면서 이에 대응할 소방 인력의 수요는 더 증가할 것으로 전망된다. 국가 차원에서 매년 소방 검사 대상이 증가하고, 검사 업무를 정교화하면서 소방 검사 등 예방 활동을 하는 내근직에 대한 수요도 증가할 것이다. 또한 소방관의 업무가 구급 업무 및 피해 복구 지원 활동까지 확대되어 이는 더욱 가속화될 전망이다. 2014년에 일어난 세월호 사건 이후 국민 안전이 강화되면서 소방 인력을 계속 증원하고 있으며, 앞으로 이러한 추세가 지속될 것으로 전망된다.

소방관은 정신적, 신체적 노동 강도가 굉장히 높다. 현장 출동대원은 출동 대기 상태를 유지하며, 출동 명령이 떨어진 후 신속하게 현장에 도착해야 하기 때문에 긴장감과 막중한 책임감으로 인한 스트레스가 뒤따를 수 있다. 또한 대형 화재, 재난 사고, 산불이 발생할 때에는 며칠씩 사고 현장에 머무르며 활동해야 한다. 따라서 소방공무원의 순직 및 처우에 대한 국민의 관심이 높아지고 있으며, 소방공무원을 경찰처럼 국가직으로 전환해야 한다는 여론도 뜨겁다.

경제 선진화에 따라 화재와 재난 및 재해로부터 국민의 생명과 재산을 보호하는 소방 및 재난 서비스 수요는 점차 고도화되고 전문화되고 있다. 이에 대응할 소방 인력 공급도 정부의 소방공무원 정원 확대와 민간 업체 서비스 확대에 의해 증가할 것으로 전망된다.

Interview

소방관
고동우

소방관은 어떤 일을 하나요?

소방관의 업무는 분야가 나뉘어 있어요. 먼저 화재 분야, 구조 분야, 구급 분야로 나눌 수 있어요. 또한 일선 현장에서 일하는 외근직과, 소방서 안에서 근무하는 내근직으로 나눌 수 있지요.

건물을 지으면 스프링클러(sprinkler)나 자동 화재 탐지기 등의 소방 설비를 의무적으로 갖춰야 하잖아요. 이런 것에 대한 허가나 승인증명서 발급도 소방관이 합니다. 또 건축물에 불이 나면 화재 조사를 하는데, 화재 조사는 설계도면을 보면서 소방 설비 중 어디가 작동이 되고 안 되었는지 등 세세한 부분까지 이루어집니다. 저는 이 중에서 구급 업무를 맡고 있습니다. 교통사고나 사건·사고 현장에 환자가 발생했을 때, 환자를 현장에서 응급 구조하고 병원에 이송하여 인계해주는 과정입니다.

구조 과정은 어떻게 이루어지나요?

화재 신고든 응급 환자 신고든 신고가 들어오면 1분 이내 출동! 이것이 소방관의 철칙이에요. 따라서 근무 시간에는 항상 출동 준비를 갖추고 있어야 합니다. 어딘가에서 불이 났다는 신고가 들어오면 소방차는 물론 구조차와 구급차도 뒤따라가게 됩니다. 화재 현장에는 인명 구조를 해야 할 상황

도 생기기 때문이지요. 구조된 환자는 유독 가스를 마셨거나 화상을 입었을 수도 있고 심리적으로 불안해할 수도 있어요. 이런 환자를 구조해서 응급처치를 한 후에 병원으로 이송합니다.

화재 진압 일을 하다가 구급대원이 될 수도 있는 건가요?

따로 교육과 훈련을 받는다면 화재 진압을 담당하다가 구급이나 구조 쪽으로 넘어갈 수 있습니다. 또 반대의 경우도 가능하지요.

소방관 하면 화재 진압이 가장 먼저 떠오르는데, 그것은 어떻게 이루어지나요?

화재 신고가 들어오면 대개 소방차 5~6대가 출동해요. 한 대 정도 출동하는 것은 단순 구조나 동물 구조인 경우고, 화재가 나면 소방차와 구조차, 구급차가 함께 출동하지요. 화재 규모 판단은 먼저 신고자 이야길 듣고 이루어집니다. 이후 가장 먼저 현장에 도착한 선탑차에 탑승한 대장님, 지휘하시는 분이 화재 규모를 정확히 파악하고 소방차와 인력 투입 규모를 정하죠. 그럼 상황실에서 요청한 규모보다 여유 있게 추가 출동을 결정합니다. 왜냐하면 화재는 밖에서

무엇을 바라지 않으면서
내가 가지고 있는 능력으로 사람들을
돕거나 살릴 수 있다는 점이 늘 힘이 됩니다.

는 정확하게 파악하기 어렵고, 소방관이 화재 현장에 들어가야만 안에 무엇이 있는지, 발열성 물질은 없는지 등을 파악할 수 있으니까요. 그래서 넉넉하게 확보하는 겁니다.

소방관으로서 힘든 점은 무엇인가요?

소방관은 신체적인 활동을 많이 하잖아요. 거기다 무거운 장비를 착용해야 하기 때문에 체력적으로 더 힘이 듭니다. 소방 장비를 모두 착용하면 25~30kg 정도 됩니다. 더구나 무더운 여름에는 장비를 착용하는 것만으로도 50℃를 넘어가기 때문에 한마디로 사우나나 찜통 안에서 움직이는 것과 같습니다. 그러니 체력적으로 엄청나게 피로가 쌓일 수밖에 없지요.

그래서 소방서마다 체력단련실이 있어요. 소방 근무 일지에도 체력 단련 시간이 따로 있어요. 화재 진압에는 연습이라는 건 없기에 근무 시간에 체력 단련을 하고 실전 연습을 하는 것입니다.

체력 단련, 실전 연습도 모두 근무에 포함되는군요.

그렇습니다. 화재의 원인에는 휘발유 발화, 누전 등 여러 가지가 있어요. 그리고 각각의 원인에 맞는 진압 방법 매뉴얼이 제시되어 있지요. 예를 들어 특수 화재 같은 경우 전기에 대고 물을 쏘면 감전될 수 있습니다. 또 분무 방법도 호스를 이용해 물대포 쏘듯 분사식으로 하는 등 차이가 있어요.

화재 현장에서는 전기가 차단돼 있는지, 전기 차단 관계기관과 연락이 되어 있는지, 안에 사람이 있는지 등을 파악합니다. 그리고 설계도면을 통해 위험 요소

를 먼저 파악하고 그다음에 직접 현장에 들어가 화재를 진압하고 인명을 구조합니다.

따라서 근무 시간에는 각 상황에 따라 빨리 판단하고 신속하게 움직일 수 있도록 훈련을 합니다. 간단한 로프 매듭부터 시작해서 구조 사다리를 펼치는 훈련, 심폐소생술 등을 연습하고, 방수 훈련이나 장비 수동 숙달 훈련 같은 것도 상시로 하고 있습니다.

Q 소방관 일은 언제 시작했으며, 가장 기억에 남는 업무는 무엇인가요?

2012년도에 시작했는데, 처음부터 구급 대원으로 일했습니다. 가장 기억에 남는 사건은 이렇습니다. 어떤 분이 지하에서 전기 공사를 하다가 감전이 됐어요. 그래서 심장이 멎은 상태였죠. 응급 환자에게 가장 중요한 건 골든타임인데, 신고 받고 최대한 서둘러 4분 이내에 도착했어요. 10분 정도 심폐소생술과 전기충격을 주고 두세 번 반복하며 응급처치를 했지요. 다행히 젊은 분이었고 특별한 병도 없어서 현장에서 바로 의식이 돌아오고 말도 하고 정상적으로 눈도 깜박이더라고요. 현장에서 거의 100% 회복한 거죠. 병원에 이송한 당일 오후에 바로 퇴원을 했어요. 며칠 후 환자분의 아내가 소방서로 전화를 주셨어요. 잘 처치해주셔서 감사드린다고, 이제 통원 치료만 받으면 된다고 하시면서요. 빠른 출동과 신속한 처치의 중요성을 그 일로 다시 한 번 절실히 느꼈습니다.

응급 환자의 경우 심장이 멈춘 후 4분 이내에 소생술을 실행하면 자발 순환 회복력이 좋습니다. 그러나 4분이 넘어가면 몸 안에 산소가 부족해져서 뇌 손상이나 장기 손상이 올 수 있습니다. 특히 뇌 손상이 생기면 살리더라도 정상적인 생활이 어렵지요.

Q 소방관을 직업으로 선택하신 이유는 무엇인가요?

어릴 때부터 사이렌 소리만 들으면 가슴이 쿵쾅쿵쾅 뛰면서 따라가고 싶고 그랬어요. 또 둘째 고모부가 소방관이라서 화재 현장 진압 이야기를 많이 들었는데 그때마다 굉장히 멋있고 듬직하다는 생각이 들었어요. 결정적으로 소방관이라는 직업에 완전 빠져들게 된 것은 어느 명절 때 고모부의 모습을 보고 나서였어요. 명절날 아침 고모부가 근무 때문에 못 오시고 그날 저녁에야 오셨는데, 딱 들어오시는 순간 그을음 냄새가 심하게 나더라고요. 화재 진압 후 현장에서 바로 오신 거였어요. 그때 '조금 전까지 생사를 오가며 불을 끄고 사람을 살렸겠구나. 소방관은 정말 멋진 직업이구나'라는 생각을 했어요. 그리고 커가면서 여러 가지 꿈을 가졌는데 결국 마지막까지 남은 건 소방관이었어요.

Q 소방관이 갖춰야 할 능력과 조건에는 무엇이 있을까요?

소방관은 정신력이 강해야 합니다. 신고 접수를 받고 구조나 구급 현장에 도착하면 처참한 상황에 맞닥뜨리게 됩니다. 그 광경을 목격하는 것만으로도 엄청난 충격을 받고, 트라우마로 남을 수 있어요. 이때 현장에서 무엇을 할 수 있을지 판단하고 행동하기 위해서는 정신적 충격을 극복하고 마음을 다잡아야 해요. 처참한 상황에 동요돼버리면 판단력이 흐려져 그동안 훈련하면서 익혔던 매뉴얼도 까먹고 말 그대로 아무것도 할 수 없게 됩니다. 출동을 했다면 소방관은 구조를 하고 구급 처치를 하여 한 사람의 생명이라도 구해야 합니다. 그런데 현장 상황에 압도되어 두려움에 빠져버리면 구조를 받아야 할 사람들 역시 더 큰 두려움에 떨게 됩니다.

또 소방관은 직업적인 사명감, 자부심 없이는 오래 할 수 없어요. 공무원이고 안정적이라는 점 때문에 소방관이 되겠다고 생각한다면 큰 오산입니다. 자신을 희생해서 다른 사람을 구해야 한다는 각오가 없으면 일할 때마다 두려움을 느끼고 업무에 흥미를 잃고 결국 포기하게 됩니다.

Q 위험과 희생을 감수해야 함에도 불구하고 소방관의 장점은 무엇일까요?

소방관은 도움을 필요로 하는 사람들에게 손을 내밀어 도움을 주고 목숨을 살리는 일을 합니다. 무엇을 바라지 않으면서 내가 가지고 있는 능력으로 사람들을 돕거나 살릴 수 있다는 점이 늘 힘이 됩니다. 직업은 한두 해 하고 바꾼다는 게 쉽지 않잖아요. 저는 일을 계속하기 위해서는 반드시 동력이 필요하다고 보는데, 저에게는 남을 도울 수 있다는 점이 동력이 됩니다.

국민을 보호하기 위해 있는 법. 한 나라의 규범인 법에 따라 재판을 담당하는 법원은 어떤 종류가 있을까?

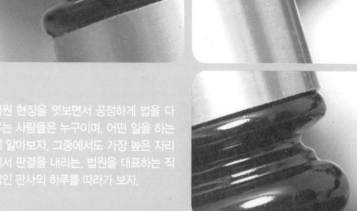

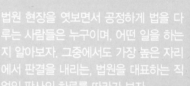

법원 현장을 엿보면서 공정하게 법을 다루는 사람들은 누구이며, 어떤 일을 하는지 알아보자. 그중에서도 가장 높은 자리에서 판결을 내리는, 법원을 대표하는 직업인 판사의 하루를 따라가 보자.

Court

City

III

법원과 판사

01
법원 이야기

1. 법원이란?

　　법원은 헌법에 따라 사법권, 즉 재판할 권한을 가지는 국가 기관이다. 헌법에서는 모든 국민에게 재판을 요구할 수 있는 권리를 부여하고 있으며, 법 앞에서 모든 국민은 평등하다. 법원은 국민이 재판을 요구할 때 법관들이 공정하게 재판하는 곳이다.

　　우리나라에는 법원이 공정하게 재판을 하도록 하는 여러 장치가 있다. 그중 대표적인 것이 사법부의 독립이다. 사법부, 입법부, 행정부는 삼권 분립의 세 주체인데, 법원이 국가 통치 권능의 하나인 사법권을 담당하고, 국회가 입법권, 정부가 행정권을 담당한다. 공정한 재판을 위해 사법부인 법원은 행정부와 입법부로부터 자유로워야 한다. 법원에서는 국회에서 만든 법의 뜻을 풀이하고, 그 뜻에 따라 판단하고 심판하는 일을 하여 문제를 해결한다. 우리나라에는 법원과 재판소가 둘 다 있다.

또 다른 중요한 장치는 세 번까지 재판을 받을 수 있게 하는 '삼심제'이다. 국민이 재판을 신청하면, 〈지방법원→고등법원→대법원〉 순으로 총 3번의 재판까지 받을 수 있다. 각 법원에서 내린 판결에 따를 수 없으면, 다시 재판을 받을 수 있도록 하는 것이다. 이 제도는 잘못된 판결 때문에 억울한 일을 당하는 사람이 없도록 만든 제도이다.

법원에서 이루어지는 재판의 종류에는 개인 간의 다툼을 해결하는 민사 재판, 범죄에 대해 죄의 유무를 판단하는 형사 재판, 국가나 지방자치단체 등 정부로부터 국민이 피해 받지 않도록 보호하는 행정 재판, 법이나 국가 기관 활동이 헌법에 맞는지 판단하는 헌법 재판이 있다. 그 밖에도 이혼 등을 다루는 가사 재판, 선거가 잘못되었을 때 여는 선거 재판, 청소년의 범죄를 다루는 소년 재판 등이 있다.

특별한 경우를 제외하고는 모든 재판은 공개되므로 누구나 재판을 방청할 수 있다. 단, 방청객이 많이 올 것으로 예상하는 재판은 추첨을 통해 방청권을 나누어준다.

2. 법원의 종류

법원의 종류에는 최고 법원인 대법원과 하급 법원인 고등법원, 지방법원, 가정법원, 행정법원, 특허법원의 여섯 종류가 있다. 우리나라에는 대법원, 그 아래에 5개의 고등법원과 18개의 지방법원이 있다. 그 밖에 가정법원이 6개, 행정법원과 회생법원이 각 1개씩 있다. 지방법원은 필요에 따라 민사 사건만을 관할하는 민사 지방법원과, 형사 사건만을 관할하는 형사 지방법원으로 구분할 수 있다.

지방법원에서 1심 판결이 이루어지고, 고등법원에서 2심 판결, 마지막 3심 판결은 대법원에서 이루어진다. 지방법원이 없는 도시에는 지방법원 지원이 있다. 그 밖에 특수 법원으로는 특허 소송을 맡아 하는 특허법원, 가정에서 일어나는 문제와 아이들과 관련된 재판을 맡는 가정법원, 행정 소송 사건을 맡는 행정법원, 도산 사건을 담당하는 회생법원, 군인에 대한 형사 재판을 담당하는 군사법원 등이 있다.

행정법원은 서울특별시 서초구 양재동에 있고, 특허법원은 대전광역시 서구 둔산동, 회생법원은 서울특별시 서초구 서초동에만 위치해 있다. 군사법원은, 보통과 고등으로 나뉘며, 그중 고등 군사법원은 서울특별시 용산구에 있는 국방부 내에 있다.

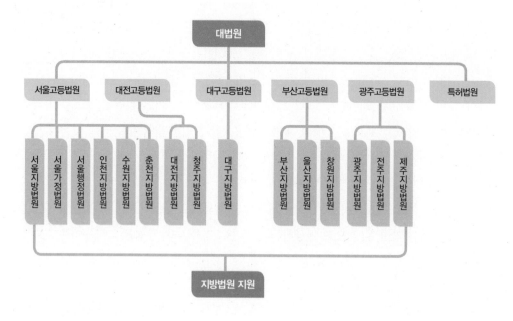

(1) 대법원

　대법원은 우리나라 최고의 법원으로 대법원장과 13인의 대법관으로 구성된다. 재판을 받을 수 있는 최종 법원으로 마지막 3심 판결을 담당하며, 재판의 최종 판결은 재심이 이뤄지지 않는 한 대법원에서 최종적으로 인정된다. 우리나라 대법원은 서울특별시 서초구 서초동에 위치해 있다.

　대법원은 민사, 형사, 행정, 특허 및 가사 사건 판결에 대한 상고 사건과 결정, 명령에 대한 재항고 사건을 최종적으로 심판한다. 그

🔺 대법원

리고 선거 및 당선의 효력에 대한 소송에 관해서 전속 관할권을 가지고 있고, 행정 기관의 조치가 헌법이나 법률에 위반되는지 최종적으로 심사하는 권한이 있다.

　또한 대법원은 법률에 저촉되지 않는 범위 안에서 소송 절차, 내부 규율과 사무 처리 규칙을 제정할 수 있다. 법원의 조직, 인사, 운영, 재판 절차 등 기타 법원 업무에 관련된 법률의 제·개정이 필요하다고 인정하는 경우에는 국회에 서면으로 그 의견을 제출할 수 있다.

대법원 전원 합의체 선고 모습

심판은 원칙적으로 대법관 전원의 3분의 2 이상으로 구성된 전원 합의체에서 행하게 되어 있으나, 대부분의 사건은 대법관 3인 이상으로 구성된 부(部)에서 행사한다. 전원 합의체에서는 출석 과반수의 의견에 따라 재판하고, 부에서는 구성원인 대법관 전원의 의견 일치에 따라 재판한다. 대법원에 상고되는 사건은 주로 부에서 심판한다.

(2) 고등법원

고등법원은 지방법원과 가정법원 합의부 또는 행정법원 제1 심의 판결·결정·명령에 대한 항소 또는 항고 사건을 심판한다. 고등법원의 심판권은 판사 3인으로 구성된 합의부에서 행사한다.

서울 고등법원

고등법원은 서울, 부산, 대구, 광주, 대전 등 5개 주요 도시에 설치되어 있다. 그리고 재판 당사자의 편의를 위해 춘천, 청주, 창원, 전주 및 제주 등에 원외 재판부를 설치하여 운영하고 있다.

(3) 지방법원

지방법원과 그 지원은 기본적으로 특정 관할 지역의 민사 및 형사 사건을 제1심으로 재판한다. 지원은 지방법원의 관할 구역 안에서 일정 구역 업무를 분담하는 법원을 말한다. 제1심 재판은 원칙적으로 단독 판사가 심판하지만, 특히 중요하다고 법률이 정하고 있는 사건은 합의부가 심판한다.

재판정

현재 전국에는 18개의 지방법원이 있다. 지방법원에는 행정 사무를 관장하는 사무국을 둔다. 지방법원의 관할 구역 내에 지원과 시·군 법원 등을 둘 수 있다. 현재 전국에 40개의 지원이 있다. 시·군 법원은 가벼운 사건에 대해서 제1심 관할권을 가진다. 현재 전국에 100개의 시·군 법원이 있다.

⬆ 대전지방법원 천안지원

(4) 전문 법원

➊ 특허법원: 1998년에 창설되어 특허 관련 사건을 전문으로 다루고 있는 법원이다. 특허법원에는 자연과학이나 공학을 전공한 기술 심리관을 전문 기술 분야별로 배치하여 특허, 실용신안 사건의 기술적인 사항에 관해 재판부의 이해와 판단을 보조하도록 하고 있다. 특허 심판원의 심결에 대한 불복 소송을 제1심으로 관장하고, 그 판결에 불복이 있는 경우 대법원에 상고할 수 있도록 한다. 이와 같이 특허 심판원의 심결에 대한 불복 소송은 2심제로 운영하고 있다.

⬆ 특허법원
⬇ 부산가정법원

➋ 가정법원: 1963년에 가사 사건과 소년 보호 사건 등을 전문적으로 처리하기 위하여 설치된 법원이다. 지방법원과 동급 법원으로서 서울, 부산에만 설치되어 있었으나 2012년부터 대전, 대구, 광주 가정 지원이 가정법원으로 승격되었고, 산하 16개 지원도 아울러 개원하였다. 가정법원 또는 가정법원의 지원이 설치되지 않은 지역에서는 지방법원 또는 지원이 그 역할을 한다. 1998년부터 가정폭력 사건에 대한 심판권도 갖게 되었다. 가사 사건은 법관 3인으로 구성된 합의부 또는 단독 판사가 담당하고, 소년 및 가정 보호 사건은 단독 판사가 담당한다. 가정법원에는 가사조정 사건을 다루기 위한 조정위원회와 필요한 사항을 조사하는 조사관이 있다.

➌ 행정법원: 각급 법원 중 하나로, 일반적인 행정 소송 사건의 제1심을 담당하는데, 항고 소송, 당사자 소송, 주민 소송만을 담당한다. 1998년에 서울에 처음 설치되었다. 행정법원이 설치되지 않은 지역의 행정 사건은 행정법원이 설치될 때까지 해당 지

방법원 본원이 관할한다. 서울행정법원은 조세, 토지 수용, 근로, 일반행정 등의 사건을 심판한다.

3. 법원의 구성원

(1) 법관

법원에 소속되어 소송 사건을 심리하고, 분쟁이나 이해관계의 대립을 법률적으로 해결하고 조정하는 권한을 가진 사람을 말한다. 법관의 계급은 대법원장, 대법관, 판사의 세 단계로 나뉜다. 1명의 대법원장과 13명의 대법관을 제외한 전국의 법관은 모두 동일한 계급의 판사이다.

대법원장은 국회의 인사 청문 및 동의를 거쳐 대통령이 임명하고, 대법관은 대법원장의 제청으로 국회의 인사 청문 및 동의를 거쳐 대통령이 임명한다. 판사는 법관인사위원회의 심의와 대법관회의의 동의를 얻어 대법원장이 임명한다. 사법권 독립의 취지에서 신분이 강하게 보장되어 있다. 보수는 직무와 품위에 상응하도록 법률로 따로 정하고 있다.

대법원장과 대법관의 임기는 6년이고, 판사의 임기는 10년이다. 대법원장은 중임할 수 없으나, 대법관과 판사는 연임할 수 있다. 대법원장, 대법관의 정년은 70세, 판사의 정년은 65세이다.

법관의 파견 근무 요청이 있는 경우, 타당하다면 대법원장의 허가 아래 파견될 수 있다. 현재 법관이 파견되고 있는 곳으로 헌법재판소, 감사원, 통일부, 국회, 외교부(재외공관), 국제형사재판소(International Criminal Court, ICC), 헤이그국제사법회의(Hague Conference on Private Law, HCCH), 베트남 법원연수원(현 법원아카데미) 등이 있다. 2017년 현재 법관은 대법원장과 대법관, 사법연수원 교수 등을 포함해 2,948명이다.

법원	직위	현원
대법원	대법원장	1
	대법관	13
	수석, 선임재판연구관	2
	재판연구관	97
고등법원	법원장	6
	부장판사	117
	고등법원 판사	115
	판사	104
지방법원	법원장	26
	고등법원 부장판사	9
	부장판사	740
	판사	1,688
법원행정처	법원행정처 차장	1
사법연수원	사법연수원장	1
	사법연수원 교수	27
합계		2,948

※ 출처: 대한민국 법원 홈페이지

(2) 법원 공무원

🔺 사법보좌관 후보자 수료식

대법원 소속인 법원 공무원은 각급 법원의 재판에 참여하여 사법부의 사건들을 배정, 기록, 관리, 조서 작성, 소송 사항에 관한 증명서 발급 · 송달 등의 사무를 맡은 법원 사무직과, 부동산 관련 업무, 법인 등 등기를 관리하고 호적, 가사 등의 소송 외 업무를 담당하는 등기 사무직이 있다.

법원 공무원은 공개경쟁 채용시험으로 채용하며, 만 18세 이상 응시가 가능하다. 직렬 계급은 1급부터 9급까지 나뉘어 있다. 보통 7급이 있는 공무원 직렬과 다르게 법원 공무원은 9급과 5급만 있다. 필기시험과 면접시험을 치러야 하는데, 두 직렬 모두 국어, 영어, 한국사, 민법, 헌법, 민사소송법으로 필수 과목이 동일하며, 사무직은 형법과 형사소송법, 등기직은 상법과 부동산 등기법을 각각 본다. 우리나라 법원 공무원의 경쟁률 증가세는 사무직은 2014년 19%에서 2017년 27%로, 등기직은 19%에서 2017년 29%로 증가하고 있다.

(3) 재판 연구원

재판 연구원은 각급 법원에 배치되어 소속 법원장의 명을 받아 사건의 심리 및 재판에 관한 조사·연구 등의 업무를 수행한다. 주로 고등법원에 상주하며, 주된 업무는 객관적인 입장에서 사건 관련 보고서를 작성하는 일이다. 복잡하고 검토가 필요한 사건에 대해 법관들이 문서를 보기 전에 미리 보고 해석하고 보기 쉽게 정리하며, 판사를 보조하는 역할을 한다. 또는 변론 기일이 잡힌 새로운 사건에 대해 검토보고서를 작성하거나 화해 권고 결정 초안, 석명준비명령(재판부가 사건을 이해하는 데 필요한 자료를 원·피고에게 요구하는 것) 초안, 민사 항고 사건 결정문 초안 등을 작성한다.

법원은 변호사의 자격이 있는 사람 중에서 재판 연구원을 임용하여 각급 법원에 둘 수 있도록 하고 있다. 재판 연구원은 계약직 공무원으로 총 3년의 범위에서 기간을 정하여 채용할 수 있다. 다만 2017년까지는 재판 연구원의 근무 기간이 총 2년으로 제한되었다.

재판 연구원이 되려면 서류전형, 필기시험, 직무 및 인성 면접 등 총 3단계의 전형 과정을 거쳐야 한다. 매년 배출되는 변호사 1,500명 중 100명 정도 선발되고 있다. 재판 연구원의 현재 정원은 200명으로, 2022년까지는 200명을 초과하지 못하나 그 이후부터는 대법원 규칙에 따라 정원의 확대가 가능하다. 2018년에는 서울 권역에서는 60명 내외, 대전, 대구, 부산, 광주 고등법원 권역에서는 각 10명 내외를 임용할 예정이었다. 재판 연구원의 임용권자는 대법원장이다. 임용 기준은 법률실무 능력, 전문성, 인품, 적성, 건강 등을 종합하여 판단한다.

재판 연구원으로 재직하면 이후 신규 법관 임용에 유리한 편이다. 보수는 연봉으로 4,700만 원 정도이며, 각종 수당을 합한 월 실수령액(세금 제외)은 약 400만 원 선이다.

◔ 헌법재판연구원, 모의 헌법재판 경연대회

4. 법조 관련 직업

(1) 검사

검사는 죄를 짓거나 법을 어겼다고 생각되는 사람들을 세밀하게 조사해서 범죄 여부를 판단하기 위해 법원에 기소하는 일을 한다. 법을 어긴 것이라는 판단이 들면 여러 가지 증거를 수집해서 피고를 재판할 것인지 무죄라고 할 것인지 결정한 후에, 죄가 있다고 생각되는 범죄에 대하여 법원에 재판을 청구한다. 검사는 공익의 대표자로서 범죄 수사 및 공소 제기를 담당하고, 범죄 수사와 관련하여 사법 경찰을 지휘, 감독한다. 형사 재판이 확정된 후 그 집행을 지휘, 감독하는 것도 검사의 직무이다. 검사는 검찰총장을 정점으로 한 검사 동일체 원칙에 따라 직무를 수행한다.

사법시험 제도가 2017년에 폐지되었기 때문에 4년제 대학 이상의 학력을 가진 사람이 입학하여 로스쿨(법학 전문대학원)에 3년간 수학하고 변호사 시험을 통과한 다음 사법연수원 과정을 마친 사람 또는 변호사 자격이 있는 사람 중에서 검사를 임명한다. 법학전문대학원에 입학하기 위해서는 법학 적성 검사(LEET), 학부 성적, 공인 외국어 시험 점수가 요구된다. 그 외에 논술, 면접, 사회활동, 봉사 활동 경력이 필요하기도 하다. 검사의 정년은 63세이며, 검찰총장은 65세이다.

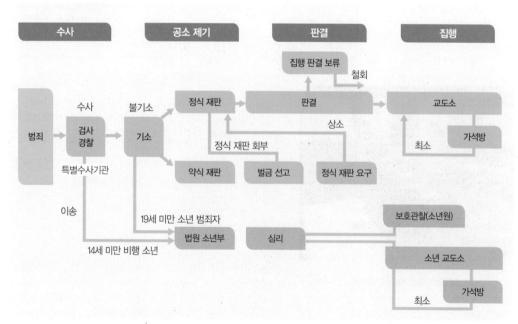

직명	호봉	봉급액
검찰총장		7,779,400
검찰총장 외의 검사	17	7,768,000
	16	7,753,100
	15	7,313,300
	14	6,875,600
	13	6,482,900
	12	6,151,600
	11	5,991,800
	10	5,803,800
	9	5,489,700
	8	5,115,600
	7	4,792,800
	6	4,490,100
	5	4,197,800
	4	3,903,600
	3	3,619,300
	2	3,335,600
	1	2,960,400

(2) 변호사

변호사는 민사 사건과 형사 사건이 발생할 경우 개인이나 단체를 대신해 소송을 제기하거나 재판에서 그들을 변호해주는 역할을 한다. 피고인 또는 피의자를 변호하여 무죄 선고를 받거나 형량을 줄여 받을 수 있도록 도우며, 민사 · 행정 사건에서는 당사자의 소송 대리인으로서 재판 등에 참여한다. 변호사는 의뢰인으로부터 보수를 받고 의뢰인을 위하여 일하지만, 재판을 올바르게 이끌어가도록 협조할 공익적 책임을 진다. 법정 밖에서의 자문도 하며, 구치소 등에 수용된 의뢰인을 만날 수 있는 접견권을 가지고 있다.

변호사는 로스쿨을 졸업한 후에 변호사 시험에 합격한 후 사법연수원 과정을 마친 사람, 판사나 검사 자격이 있는 사람이 될 수 있다. 군법무관 임용시험에 합격하여 군법무관으로 10년 이상 복무한 사람에게도 변호사 자격이 인정되는데, 이들은 모든 법원에서 변론할 수 있다. 변호사는 면허가 없으면 활동하지 못하고, 진입장벽이 높고 공부에 시간과 노력을 많이 쏟아야 하기 때문에 대표적인 전문직에 속한다.

변호사 자격을 얻게 되면 공직, 공공기관, 로펌(법률사무소), 사내 변호사, 개업 변호사로 활동할 수 있다. 변호사 사이에서도 수입면에서 양극화가 심해지는 추세이다. 대형 로펌에서는 수십억 원의 연봉을 받기도 하고, 초임은 세후 1억 정도를 받는다. 소형 법인은 대개 300~400만 원을 월급으로 받는다.

변호사는 광고를 통해 자신을 홍보할 수 있지만, 타인을 통해 사건을 수임하는 행위가 금지되어 있어 주로 개인적 인맥을 통해 사건을 수임하는 경우가 많다. 변호사를 선임하고 싶다면 대한변호사협회(www.koreanbar.or.kr)나 서울지방변호사회(www.seoulbar.or.kr/main/mainPage.do)에서 검색이 가능하다. 이때 취급 분야별로 검색이 가능하여 전문 분야의 변호사를 검색하여 찾을 수 있다. 이혼, 저작권 등 특정 분야에 전문성이 있는 변호사들은 대한변호사협회에 자신의 전문 분야를 등록할 수 있으며, 현재 1,000명 가까운 변호사들이 등록해 활동하고 있다.

(3) 공증인

공증인은 법률 행위에 대한 공정 증서(공무원이 법 규정에 따라 직무상 작성한 일체의 서류) 작성, 사서 증서에 대한 인증 등의 업무를 담당한다. 공증인법에 의해서 사인(법인 또는 개인) 간의 문서에 대해 공적인 증명력을 부여하는 공인이다. 주로 공증을 하는 문서는 개인 간의 계약서, 유언서, 약속어음 등의 유가증권 등이다.

공증인은 판사·검사·변호사 자격을 가진 사람 중에서 법무부 장관에 의해 임명되고, 지방 검찰청에 소속된다. 공증인의 임기는 5년이며, 3년 이내에 재임명할 수 있다. 소속 지방 검찰청의 관할 구역에서 직무를 집행한다.

(4) 법무사

법무사는 서민들을 위한 법률 전문가로, 법원 또는 검찰청에 제출할 서류, 등기 또는 등록 신청에 관한 서류 등을 작성하고, 서류 제출을 대리하는 업무를 한다. 실제로는 이러한 모든 업무에 대해 전화로 생활 법률과 관련하여 자문하는 일을 많이 한다.

법무사 자격은 법무사 시험에 합격한 사람에게 부여된다. 시험은 1, 2차 필기시험으로 구분하여 치른다. 1차 시험은 헌법, 상법, 민법, 가족관계의 등록 등에 관한 법률, 민사집행법, 상업등기법 및 비송사건절차법, 부동산등기법, 공탁법으로 객관식으로 출제된다.

2차 시험은 민법, 형법, 형사소송법, 민사소송법, 민사 사건 관련 서류의 작성, 부동산 등기법, 등기 신청 서류의 작성을 과목으로 하여 주관식으로 출제된다. 2017년에 3차 면접시험이 폐지되었다. 선발 예정 인원의 범위 안에서 전 과목 고득점자순으로 합격자가 결정된다. 응시 자격에 별도로 제한은 없으며, 관련 직렬 공무원으로 10년 이상 근무한 사람에게 시험을 일부 면제하기도 한다.

시험 합격자가 업무를 시작하려면 소정의 연수교육을 이수하고, 지방법무사회를 거쳐 대한법무사협회에 등록한 다음 사무소를 설치하고 업무 개시 신고를 해야 한다. 이렇듯 창업을 할 수도 있고, 기업의 법제과, 법률 관계 취급 업무 부서, 합동법률사무소 등에 취업할 수도 있다. 서류 작성에 대해서는 보수를 받지만, 전화 상담은 무보수로 실시하며, 개인 사무실을 운영하는 경우에는 근무 시간이 유연하고, 주요 업무가 등기소에서 이루어져 휴일에는 함께 쉬며, 근무 시간도 잘 지켜지는 편이다. 보수는 대한법무사협회에 등록한 업무 분야에 따라 정해져 있다.

(5) 집행관

집행관은 지방법원에 소속되어 재판의 집행과 서류 송달 등을 담당한다. 법원이나 검찰청의 명령에 따라, 돈을 빌리고도 갚지 못한 사람들의 재산을 회수하거나 소유의 가구나 물건 등을 가압류하여 마음대로 처분하지 못하게 하고, 부동산을 경매에 부쳐 돈으로 바꿔 돈을 빌려준 사람에게 돌려주는 업무를 한다.

집행관은 엄격한 의미에서 공무원은 아니지만, 직무에 관하여 소속 지방법원장의 감독을 받는다. 그러나 보수는 법원이 아니라 의뢰인에게서 받는다. 집행관은 일정 기간 이상 법원, 검찰청 공무원으로 근무한 사람 중에서 지방법원장이 임명한다. 집행관의 임기는 4년이고, 연임할 수 없으며, 정년은 61세이다.

02

법원의 대표 직업 - 판사

1. 판사란?

판사는 각종 재판을 진행하고 검사와 변호사의 의견을 듣고 수렴하여 법적인 절차에 따라 죄의 경중을 파악하여 재판에서 판결을 내린다. 판사가 입는 법복은 공정한 판결을 해야 한다는 의미가 담겨 있으며, 재판정에 들어가기 전에 입는다. 이렇듯 국민의 이권을 지키기 위해 법과 양심에 따라 공정하게 판정을 내려야 한다.

판사가 되려면 일정한 자격이 있어야 하며, 대법원장이 임명, 보직한다. 판사의 임기는 10년이고, 임용 절차와 같은 방법에 따라 연임할 수 있으며, 정년은 65세이다.

판사는 탄핵이나 금고 이상의 형벌에 의하지 않고는 파면되지 않으며, 징계처분에 의하지 않고는 정직·감봉 또는 불리한 처분을 받지 않는다. 판사는 헌법과 법률에 의해 그 양심에 따라 독립하여 심판하며, 재직 중 정치 운동 등에 참여할 수 없다. 이러한 규정들은 '사법권의 독립'을 보장하기 위함이다.

　　판사는 우선 법률 이론에 대한 해박하고 전문적 지식과 철학, 사회학, 인류학, 역사 등 기초 지식이 필요하다. 상황에 대한 분석적이고 논리적인 사고, 신뢰성, 인내력, 독립성도 필요로 한다. 자신의 생각을 논리 정연하고 명확하게 표현하고 작성할 수 있어야 하며, 객관적이고 공정하게 법률을 해석하고 판단하는 능력이 필요하다. 또한 법적으로나 도덕적으로 어긋나지 않기 위해 행동하려고 노력해야 한다. 정직하고 독립적이고 꼼꼼한 사람에게 유리하다.

2. 판사가 하는 일

(1) 재판 진행

　　민사 재판이나 형사 재판의 날짜를 정하고, 증인이나 증거의 채택 방식을 결정한다. 기타 재판 절차를 정하는 일을 한다.

(2) 재판 참여

　　재판이 진행되면 변호사와 검사의 논쟁을 경청하고, 피고와 원고, 증인의 진술과 법정에 제출된 증거를 검토하고 추론한다. 재판 과정 중에 인권을 보장하고 적법한 절차를 통해 재판이 이루어지도록 해야 한다. 혹시라도 방청객 중 소란을 피우는 사람이 있으면 퇴정 명령을 내릴 수도 있다.

(3) 판결

　　재판 중에 들은 변호사, 검사, 피고, 원고, 증인의 진술을 분석하고 사건 증거 등 재판에 관련된 자료들을 검토하고 추론하여 법률에 근거해 판결을 내린다. 재판을 받는 당사자들이 상반된 주장을 하기 때문에 정확하고 바른 판단을 위해서는 신중함이 필요하다. 따라서 혼자만의 결정이 아니라 합의 회의를 거친 후 최상의 결론을 내린다. 협의된 결론으로 먼저 판결문 초안을 신중하게 작성한다. 그리고 형사 사건에서 검사의 요청이 있을 경우 적합성 여부를 판단하여 영장을 발부하기도 한다.

3. 판사가 되는 방법

(1) 로스쿨(법학 전문대학원) 진학

⬥ 법학전문대학원

일반 4년제 대학 이상의 학력을 소지한 사람이 법학 적성 시험(LEET, Legal Education Eligibility Test), 학부 성적(GPA), 외국어 시험, 사회봉사 활동 및 면접 등 다양한 평가를 거쳐 로스쿨에 입학할 수 있다. 로스쿨은 개설된 대학교마다 입학 요구 조건이 조금씩 다르지만, 일반적으로 높은 학부 성적과 일정 기준 이상의 공인된 영어 시험 점수가 필요하다.

또한 법조인에게 요구되는 논리력, 추론 능력 등을 평가하기 위한 법학 적성 검사에서 높은 점수를 받아야 한다.

(2) 판사 임용

로스쿨에서 3년간 공부한 후에 시험에 합격하면 변호사 자격을 취득할 수 있다. 판사는 변호사 자격 취득 후 3년 이상 법조 경력이 있는 사람 중에서 임명된다. 법관 임용 심사위원회의 면접 후 대법관회의 동의를 얻어 대법원장이 임명한다. 검사나 국선 전담 변호사 중에서 소수를 뽑거나 재판 연구원 출신, 대형 로펌 변호사 중에서 판사를 임용하고 있다.

판사 임용 자격에서 법조 경력 요건은 2017년까지는 3년, 2017년에서 2021년까지는 5년, 2022년에서 2025년까지는 7년이고 그 후로는 10년이다. 사법시험에 합격하여 연수를 통해 판사로 즉시 임용될 기회는 2014년이 마지막이었다.

(3) 승진

판사에 임용되면 대법원, 고등법원, 지방법원, 가정법원, 행정 법원 등에서 근무한다. 그리고 경력을 쌓아 지방법원과 고등법 원의 부장판사나 법원장이 될 수 있다. 대법관과 대법원장은 판사나 검사 출신들이 진출할 수 있는 최고의 명예직이다. 대법 원장과 대법관은 판사, 검사, 변호사 또는 이에 준하는 직에 15년 이상 재직한 40세 이상인 사람 중에서 임명하게 되어 있다. 대법원장은 대통령이 국회의 동의를 얻어 임명하고, 대법관은 대법원장의 제청으로 국회의 동의를 얻어 대통령이 임명한다.

4. 판사의 직업적 전망

판사는 재판 과정 중에 인권을 보장하고 적법한 절차를 통해 재판이 이루어지도록 해야 하는 사명이 있다. 이 때문에 업무에 대한 부담으로 정신적인 스트레스가 많은 편이며, 특히 개인의 처벌에 관한 일을 하게 되므로 신중을 기해야 하는 부담이 있다. 그리고 판사는 주로 사무실이나 법정에서 근무하며, 판사 1인에게 할당된 재판의 수가 많고 재판 준비를 많이 해야 당사자들의 쟁점을 정확히 짚어줄 수 있어 야근을 자주 하는 편이다.

판사의 월급을 살펴보면, 부장판사는 약 560만 원, 신임 법관은 322만 원 수준이다. 대법관은 약 770만 원, 대법원장은 약 1,090만 원이다.

하지만 월급 외에도 각종 수당을 받아 실제 수입은 이보다 높다. 매달 직급 보조비로 50만~75만 원이 지급되며, 시간외 근무나 야근수당 등을 받지 않는 대신 관리 업무 수당으로 월급의 9%를 받는다. 또한 매년 1월과 7월에는 월급 5~50%에 해당하는 정근 수당을 받으며, 설과 추석에는 월급의 60%에 해당하는 명절 휴가비가 지급된다. 연 2회 370만~699만 원의 직무 성과금도 지급한다. 이를 모두 합치면 판사들의 실제 수입은 월급의 1.5배 수준이다.

호봉	승급 기간
16~17호	재직 6년 이상
14~16호	재직 2년 이상
1~14호	재직 1년 9개월 이상

판사, 검사 봉급표(2017년 기준)

직명	호봉	봉급액
대법원장 · 헌재소장		10,983,500
대법관 · 검찰총장 · 헌재재판관		7,779,400
	17	7,768,000
	16	7,753,100
	15	7,313,300
	14	6,875,600
	13	6,482,900
	12	6,151,600
	11	5,991,800
	10	5,803,800
일반 법관 · 검사	9	5,489,700
	8	5,115,600
	7	4,792,800
	6	4,490,100
	5	4,197,800
	4	3,903,600
	3	3,619,300
	2	3,335,600
	1	2,960,400

판사의 정원은 각급 법원 판사 정원법에 따라 법률로 정한다. 정부는 2010년 2,844명까지 증가해온 정원을 동결했다가 2014년에 증원 계획을 밝혔다. 법무부는 2019년까지 370명 늘려 3,214명으로 조정하는 법률 개정안을 입법 예고하였다. 그 이후에도 2023년까지는 연간 50~60명 정도의 증원이 전망된다.

향후 10년간 판사와 검사의 고용은 다소 증가할 것으로 전망된다. 법제처 자료에 의하면 판사의 정원은 2008년 2,604명에서 2017년 2,948명으로, 검사는 1,752명에서 2,058명(2016년 기준)으로 증가하여 판사 및 검사는 연평균 2% 증가하였다.

민사 분쟁이 다양해지고 내용도 복잡해져 법관이 더욱 많이 필요해지고 있다. 특히 글로벌화 및 정보화 시대의 진전으로 국제 거래에 따른 분쟁, 특허 및 지적재산권 관련 민사 소송, 컴퓨터 범죄, 금융사기 등의 범죄와 형사 소송이 다양하게 발생해 판사의 인력수요는 증가할 것으로 보인다.

이 직업을 가진
사람에게 듣는다

Interview

판사

이화용

판사는 어떤 일을 하나요?

판사의 주 업무는 재판이라고 할 수 있습니다. 재판은 크게 형사 재판, 민사 재판, 가사 재판, 행정 재판으로 나눌 수 있어요. 이 가운데 형사 재판은 다른 재판들과 다르게 진행됩니다.

먼저 형사 재판에서 판사의 역할을 살펴보면, 검사가 판사에게 공소장을 제출하면 판사는 공소장을 통해 사건을 파악한 후 첫 번째 재판 기일을 지정합니다. 첫 번째 재판에 피고인이 나오면 검사는 공소장을 낭독해요. 그럼 판사가 피고인에게 물어보죠. "검사가 이렇게 얘기했는데 당신이 이런 죄를 지은 것이 맞습니까?" 그때 피고인이 인정하면 자백이라고 하고 "저는 그런 죄를 지은 적이 없습니다"라고 하면 부인이 되는데, 자백이냐 부인이냐에 따라 판사가 해야 할 일이 달라집니다.

자백하면 간단한 방법으로 증거 조사를 해요. 검사에게 가진 증거를 다 제출하라고 해서 그 자리에서 바로 조사를 해서 재판이 한 번에 끝나기도 해요. 그러나 부인할 때는 달라지죠. 부인할 경우 피고인은 보통 변호사를 선임합니다. 사설 변호사를 선임할 수 없는 경우 국선변호인을 선임하게 되죠. 이후 재판에서 피고인은 변호사와 상의해서 검사가 제출한 유죄를 입증할 증거 목록 중 어떤 증거에 동의하고 어떤 증거를 인정할 수 없는지 얘기합니다.

이럴 경우 판사는 일단 인정하는 증거를 먼저 받아

조사하고 동의하지 않는 증거에 대해서는 확인을 해야 합니다. 그래서 다음 기일은 언제인지 정하고 "누구누구를 증인으로 소환합니다" 해서 증인 신문을 하죠. 이렇게 몇 차례 걸쳐서 재판이 진행됩니다.

보통 구속 재판은 구속 기한이 있기 때문에 6개월 이내에 끝납니다. 불구속 재판은 아주 어려운 사건의 경우 수개월 아니면 1년을 넘길 때도 있습니다.

이렇게 재판이 다 끝나면 양형 심리에 들어가요. '이 사람(피고인)이 유죄라고 봤을 때 형을 얼마나 정할 것인가' 하는 양형 심리를 할 때 기록만으로 양형이 나올 수 있다면 양형 조사관에게 맡길 수도 있어요. 맡길지 여부는 판사가 정하죠. 이렇게 양형 심리까지 모두 끝나면 '결심'을 합니다. 결심이란 재판을 종결한다고 해서 '결심'이라고 하는데요. 피고인의 최후진술을 듣고 결심을 하면 이제 선고 기일을 잡습니다.

선고 기일을 잡고 나서 선고하기 전까지 판사는 판결문을 작성합니다. 합의부 재판의 경우 판사가 3명이기 때문에 그 3명이 먼저 합의를 하죠. 이 사람이 유죄인지 무죄인지 토론을 하고, 유죄일 경우 이 사람에게 형을 얼마나 줄 것인지 또다시 토론하고, 결론을 내서 판결문을 작성하죠.

합의부 재판의 판결문은 주심 판사가 작성해요. 재판장이 있고 양쪽에 배속 판사가 있는데 우 배속이 주심이 될 수도 있고, 좌 배속이 주심이 될 수도 있어요.

직장의 세계

> 판사의 업무는 **과중한 편**입니다. 그런데 내가 하는 일이 그저 일감이라고 생각하면 안 돼요. 한 **사람의 인생이 달려 있다고 생각하면서 업무에 임해야** 해요.

그건 랜덤으로 정해져요. 이렇게 주심 판사가 정해지고 판결문을 작성해서 재판장에게 보여주면 재판장이 검토 후 완성해서 선고 기일에 판결을 선고하죠.

민사 재판의 경우에는 원고가 소장을 제출하면 참여관이 먼저 그 소장을 검토해요. 형식적으로 틀린 건 없는지 확인하고, 만일 틀린 게 있다면 보정하게 하죠. 그러고 나서 소장을 피고에게 보냅니다. 그럼 피고는 여기에 반박 답변서를 제출하겠죠. 이후 재판장(판사)이 첫 기일을 지정합니다. 기일이 잡히면 원고와 피고 양쪽이 법정에 증거를 제출하고 공방을 하며 재판이 진행됩니다.

재판 도중에 두 사람의 합의가 이루어질 수도 있는데, 이렇게 조정이 되면 조정으로서 재판이 끝나고, 조정이 안 되면 끝까지 재판을 통해 결론을 도출하고 형사 재판과 마찬가지로 마지막 선고 기일을 지정, 판결문을 작성하게 됩니다.

재판 진행 과정에서 어려운 점은 무엇인가요?

무엇보다 결론을 내리는 것이죠. 누구의 말이 옳은지 밝혀내는 것이 가장 어렵습니다. 형사 재판에서는 많은 피고인이 무죄를 주장하는데 실제 죄를 짓지 않아 그런 경우도 있지만 일단 부인하고 보는 경우도 많죠. 또한 민사와 가사 재판에서도 원고와 피고가 서로 다른 주장을 하잖아요. 둘 중 한쪽은 거짓말을 하는 거예요. 혹은 둘 다 거짓말을 할 수 있지요. 그리고 증인들도 위증하는 경우가 있어요. 판사는 이 안에서 진실을 찾아내야 하는데 이것은 정말 힘든 작업입니다. 진술이나 증언을 들으며 '이것이 옳을까, 틀릴까? 모순은 없나?' 등 끊임없이 진실과 사실을 찾아 나가야 하는 게 판사의 역할이거든요.

진실을 찾기 위해 판사는 어떤 준비 혹은 작업을 하나요?

사실을 찾기 위해 가장 중요한 건 증거입니다. 기록에 있는 증거 안에서 찾아야 해요. "증거대로 하면 되는데 뭐가 힘든가요?"라고도 할 수 있지만, 문제는 상충하는 증거가 나온다는 거죠. 이쪽 말이 맞는 증거도 있고, 저쪽 말이 맞는 증거도 있을 것이고, 경우에 따라서는 증거를 조작했을 수도 있어요. 그건 아무도 모르죠. 따라서 이 상충하는 증거 가운데 어떤 것을 선택하느냐, 그 선택에 따라 판결이 달라지죠.

이럴 때 판사는 어느 쪽의 주장과 증거가 더 합리적인지 찾아내야 합니다. 찾다 보면 거짓 주장이나 증거의 경우 결국 허점은 있거든요. 이것이 가장 힘든 작업이라고 할 수 있습니다.

그 결과가 판결문이겠네요.

네. 그래서 판결문을 쓸 때 항상 조심스럽습니다. 예를 들면 형사 재판의 경우 합리적인 의심이 없을 정도로 유죄의 심증이 있어야만 유죄 판결을 할 수 있어요. 쉽게 표현하면 이 사람이 유죄일 가능성도 있고 무죄일 가능성도 있다, 그런데 6 : 4 정도 유죄일 거 같다, 그렇다면 유죄 선고를 할 수 없어요. 하지 말아야 해요. 6 : 4 정도로는 안 됩니다. 그렇다면 '합리적인 의심이 없어야 한다'라는 건 대체 어느 정도를 얘기하느냐? 사실 여기에 정답은 없지만 유죄일 확률이 적어도 80% 이상은 되어야 '합리적인 의심이 없다'라는 정도로 판단이 됩니다.

그런데 이건 형사 재판의 경우이고 민사나 가사, 행정 재판의 경우는 또 달라져요. 그야말로 유죄일 가능성이 49 : 51로 차이가 날 수 있어요. 매우 팽팽하죠. 이 말도 맞는 거 같고 저 말도 맞는 거 같은데 이 말이

51 정도 더 맞는 거 같다 이럴 때 이기는 것이죠. 그 결과가 바로 판결문이기 때문에 조심스럽고 또 굉장히 어렵습니다.

사건의 모든 증거를 확인하려면 업무의 양도 상당하겠어요.

일반적으로 판사에게 정시 퇴근은 불가능하다고 보면 됩니다. 저 같은 경우에는 일주일에 3~4일 정도는 야근하고, 주말에도 일감을 가지고 오는 경우가 많습니다. 그러다 보니 주말 이틀을 편안하게 지낸 적이 거의 없어요. 주말까지 일해야 제가 맡은 업무를 모두 소화할 수 있으니까요.

제 아내가 저한테 그러더라고요. 저하고 결혼하기 전까지만 해도 '대체 판사가 하는 일이 뭘까?'라고 생각했대요. 왜 영화나 드라마에서 보면 재판정에서 열심히 일하는 건 변호사와 검사지, 판사는 그저 '인정합니다, 기각합니다' 이것만 하고 있잖아요. 그렇게 보이니 하는 일이 없다고 생각했던 모양이에요.

기억에 남는 재판은 무엇인가요?

아무래도 힘들었던 재판이 가장 기억에 남더라고요. 4년 동안 배석판사 생활을 하고 처음으로 직접 재판 진행을 하는 단독 판사, 그중에서도 형사 단독 재판장이 되었는데 구속된 피고인이 대학생이었어요. 뺑소니 사망 사고의 범인으로 몰린 상황이었고, 사망 피해자는 젊은 의사였어요. 사망 피해자 가족들은 하루아침에 자식을 잃었으니 얼마나 억울하고 또 힘들었겠어요. 또 피고인이었던 대학생은 계속 무죄를 주장하고 있었는데 정말로 무죄라면 얼마나 억울한 일이에요.

더욱이 이 사건은 비접촉사고였어요. 교통사고에는 접촉사고와 비접촉사고가 있어요. 비접촉사고라는 건 요즘 언론에서 운전 시비, 난폭운전에 대한 보도 많이 하잖아요. 두 차량이 엎치락뒤치락하다가 예를 들어 앞차가 브레이크를 밟게 되면 뒤차가 피하려다가 사고가 난다든가 하는 일이죠. 이 사건도 피해자 차량이 옹벽을 들이받아서 사망한 사고였어요. 게다가 10여 년 전 사건이라 블랙박스도 없었고, 도로 CCTV도 안 잡혔고요.

그런데 피고인이 왜 범인으로 몰렸느냐 하면, 피고인이 당시 카레이서 지망생이었어요. 수사 기관에서는 피고인이 운전에 대한 승부욕이 있다는 점과 동승자의 증언을 통해 범인으로 지목한 거죠. 그런데 이 피고인은 오히려 자신은 사고의 목격자라고 했어요. "피해자 차량과 제3의 차량이 옥신각신하더니 피해자 차량이 옹벽을 들이받더라. 그래서 오히려 내가 제3의 차량을 추격했는데 놓쳤다. 그래서 경찰에 내가 신고를 했다." 실제로 피고인이 신고한 게 맞아요. 그러니까 신고자가 범인으로 몰린 경우였죠.

피해자의 억울함도 풀어야 하고, 그렇다고 무죄를 주장하는 피고인도 고려하지 않을 수 없는 사건이었죠. 아까 말씀드렸다시피 구속 사건은 6개월 이내에 끝내야 해요. 그러나 이 사건은 심리가 많이 필요한 사건이라고 판단되어 보석 허가 결정을 했어요. 불구속 상태에서 재판을 해보자는 생각을 했지요. 피고인에게 불구속 상태에서 방어권을 행사할 수 있도록 했고요.

이렇게 하여 재판은 자그마치 1년 동안 계속되었어요. 그 재판을 하면서 거의 매일 밤 가위에 눌렸던 거 같아요. '누가 옳은 것인가, 대체 누구의 말이 맞는 것인가?' 이런 생각들이 머리에서 떠나지 않더라고요.

현장 검증도 두 번이나 나가서 해보고, 피고인 차량의 동승자도 다시 증인으로 불러 들어보았어요. 근데 '아' 다르고 '어' 다르다고, 수사 기관의 조서에는 동승자가 피고인을 범인이라고 한 것처럼 되어 있는데, 동승자를 증인으로 불러 직접 들어보니 다르더라고요. 자신은 그런 뜻으로 얘기한 게 아닌데 조서에는 자신의 의도와 다르게 쓰인 거라고요. 증인에게 전후 상황을 직접 듣고 나니 '아, 그럴 수도 있겠다' 싶었어요. 그렇게 재판은 계속되었습니다.

결론은 무죄로 썼어요. 100% 무죄 같다는 생각은 안 들었어요. 무죄 대 유죄 느낌은 50 대 50 정도. 합리적인 의심이 없어지려면 유죄 심리가 80% 이상이어야 하는데 이 재판은 그 정도까지 유죄임이 와 닿지 않았던 것이죠. 그래서 무죄로 하는 게 맞겠다. 왜? 10명의 범인을 놓치더라도 한 명의 억울한 사람을 만들지 말아야 한다는 것이 형사소송법의 기본 원리거든요. 그래서 무죄 판결을 썼습니다. 이후 검찰에서 항소했지만 무죄 판결이 났고, 대법원까지 올라갔지만 거기서도 무죄가 확정됐어요.

정말 힘든 재판이었어요. 사실 진실은 누구도 모릅니다. 만일 유죄라면 전도유망한 의사였던 피해자의 한이 풀리지 않을 것이고, 만일 무고하다면 앞길 창창한 대학생의 인생을 망칠 수도 있었잖아요. 단독 판사로서 가장 고민했던 사건으로 남아 있습니다.

Q **직업으로서 판사를 선택한 계기는 무엇인가요?**

왜 어릴 때부터 유난히 준법 의식이 강한 애들 있잖아요. 예를 들어 횡단보도 신호등도 꼭 지키는 그런 애들이오. 저도 그런 애였어요. 어릴 때는 판사 말고도 여러 가지 꿈이 있었습니다. 그런데 커가면서 정의를 실현하는 데 가장 좋은 직업 중 하나가 판사라고 생각했고, 이후 법대에 진학했어요. '판사가 되어야겠다'라고 결심한 건 사법시험에 합격하고 사법연수원을 거쳐 시보 생활을 할 때였어요. 정의를 실현한다는 점에서 검사와 판사 모두 같은 목표가 있지만, 저에게는 판사가 더 맞을 것 같다는 생각이 들었어요.

Q **준비하면서 힘들었던 점은 무엇인가요?**

사법고시 준비 과정이 제일 힘들었어요. 대학 2학년 때 본격적으로 고시 준비를 시작했고, 대학 4학년 때 1차에 합격했어요. 그런데 2차 준비하는 동안 '고시병'이라는 게 찾아왔어요. 고시생들은 흔히 고시병을 앓는데 어떤 사람은 소화불량에 걸리고, 어떤 사람은 디스크에 이상이 생기고, 저는 눈병으로 왔어요. 책을 읽어야 하는데 책만 보면 눈이 시큰해지고, 안과를 가도 병명이 없고 "스트레스다. 눈을 쉬어야 한다"라고만 했어요. 근데 눈을 쉴 수가 있나요. 사법고시 2차 준비를 할 때는 하루 12시간 이상 공부해야 한다는 말이 있는데 저는 하루에 4시간밖에 책을 못 봤어요. 절대량이 부족했죠. 그래서 떨어졌어요. 그 후 고민을 했죠. 군대 연기하고 다시 도전하느냐, 아니면 군대를 가느냐? 그때가 가장 힘든 시기였어요. 그러다 작전상 후퇴, 군 입대를 택했어요. 눈이 너무 아파 공부를 할 수 없겠더라고요. 군 생활은 저에게 오히려 기회였어요. 비록 몸은 힘들었지만, 오히려 머리와 눈은 충분히 휴식을 취할 수 있는 시기였거든요. 그

렇게 군 제대 후 돌아와 다시 도전해서 바로 합격했죠.

Q **판사에게 필요한 능력과 자질은 무엇이라고 보십니까?**

첫 번째는 열린 사고를 꼽을 수 있어요. 대개 이런 경우죠. 양쪽 말을 듣다 보면 어떤 이유에서든 편견을 가질 수 있어요. 이 사람 말은 다 거짓말로 들릴 수 있잖아요. 가장 경계해야 할 태도입니다. 그래서 항상 열린 사고를 하고, 이 사람 말도 맞을 수 있고 저 사람 말도 맞을 수 있다는 생각을 가지고 있어야 해요.

또 하나는 인간에 대한 사랑이 있어야 해요. 판사의 업무는 과중한 편입니다. 그런데 내가 하는 일이 그저 일감이라고 생각하면 안 돼요. 한 사람의 인생이 달려 있다고 생각하면서 업무에 임해야 해요. 사람의 인생을 다루는 직업이기 때문에 단지 내가 재판 한 건 처리했다고 생각하면 안 됩니다. 어떻게 보면 내가 한 사람의 인생에 개입하는 거잖아요. 따라서 인간애가 기본적으로 있어야 한다고 생각해요.

Q **판사가 되고 싶은 청소년들에게 한 말씀 부탁드립니다.**

판사가 되려면 기본적으로 성실해야 해요. 사람마다 성실성의 정도는 다르지만, 기본적으로 성실성이 없으면 판사를 하기 힘들어요. 모든 자료를 꼼꼼히 검토하고 분석해야 정확한 판단을 할 수 있으니까요.

그리고 무엇보다 정의감이 필요합니다. 성실성은 모든 직업에 필요한 덕목이지만 정의감은 판사라는 직업에 더욱 엄격하게 요구되는 덕목입니다. '무엇이 정의인가?'를 항상 염두에 두고 일을 해야 합니다.

과거 동사무소로 불리던 주민센터는 우리에게는 언제든 필요하면 익숙하게 찾는 곳이지만, 외국에서는 거의 찾아보기 힘든 곳이다.

그곳에서 일하는 행정 공무원은 승인, 검사, 허가 등의 행정 집행과 관련된 업무를 수행하는 사람이다. 행정 공무원을 가장 쉽게 만날 수 있는 곳인 바로 우리 동네의 주민센터를 찾아가 보자.

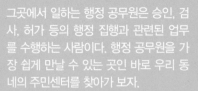

Community Service Center

City

IV

주민센터와
행정 공무원

C i t y

01
주민센터 이야기

1. 주민센터란?

주민자치센터(이하 주민센터)는 주민들의 일상생활을 돕는 공공기관이다. 종래의 동사무소를 폐지하고 1999년에 새롭게 설치한, 지역 주민을 위한 서비스 기관이다.

주민센터에서는 각종 민원 서류를 발급하고, 주민등록 변경 관련 업무를 한다. 그리고 기초생활보장 수급자 · 기초노령연금 · 일자리 알선 · 장애인 지원 등의 복지 행정도 담당한다. 또한 각종 운동 시설과 프로그램을 운영하여 주민들의 건강 및 삶의 질을 향상시키고, 도서관을 만들어놓기도 한다.

특히 선거 기간에는 주민센터가 읍면동 선거관리위원회가 되므로 투표소 설치, 투표 진행 등을 주민센터에서 담당하고 있다. 대선과 총선 등이 있을 때는 유권자 수 관리를 위해 주민등록 정리가 대대적으로 시행되기 때문에 주민센터 업무량이 증가한다.

현재 우리나라 주민센터는 동마다 하나씩 있고, 인터넷으로 민원 문서를 발급받는 것을 어려워하는 노년층에게는 매우 요긴한 기관이다. 업무 시간은 오전 9시부터 저녁 6시까지로, 2018년까지 명칭이 행정복지센터로 변경될 예정이다.

2015년부터 서울시는 주민센터를 기존 민원 처리 중심의 공간이 아니라 주민에게 찾아가는 복지가 실현되는 마을공동체 조성을 위해 '찾아가는 동주민센터'로 변경하는 것을 추진하고 있다. 저출산과 고령화 등 복지 사각지대에 놓여 있는 사람들을 위해 방문 간호사와 사회복지 인력을 충원하여, 찾아가서 복지 서비스를 시행하려는 목적이다.

주민 생애주기별 맞춤 복지와 동 단위의 마을 계획 수립을 지원하면서 찾아가는 복지를 실현하고, 주민들과 함께 행복한 공동체를 만들기 위함이다. 기존의주민센터를 마을 생태계 조성과 복지 중심으로 재편하고, 우리동네주무관, 마을사업전문가, 복지플래너, 복지상담전문관을 신설하여 운영하고 있다. 2015년 7월 성동구, 도봉구, 금천구 등이 참여하고 종로구, 구로구, 동작구 등도 일부 참여하여 12개 구 80개 동이 추진했고, 2016년 7월

▲ 독산 3동 주민센터–독산 극장

에는 18개 구 283개 주민센터로 확대되었고, 향후 3년 내 서울시 전역으로 확대될 전망이다.

(1) 방문 간호: 직접 주민을 방문하여 건강 관리
(2) 우리동네주무관: 주민들과 함께 마을 복지 생태계 형성
(3) 복지플래너: 맞춤형 복지 서비스를 제공하는 스마트 복지 컨설턴트
(4) 마을 사업 전문가: 마을의 문제를 찾아 주민들과 함께 해결

 주민센터의 조직

구분	행정자치팀	복지1팀 행정자치팀	복지2팀
인원(예)	11명	6명	6명
직렬	구분 없음(동주민센터별 여건에 따라 편성)		
기존 업무	예산, 회계, 선거, 주민자치, 민방위, 수방·제설, 청소, 환경, 운전, 통합민원, 자원봉사 등	맞춤형 급여, 차상위 지원, 한부모, 서울형 복지, 장애인, 노인, 영유아, 아동, 청소년, 바우처 등	
신규 업무	• 우리동네주무관 • 주민자치 혁신 • 마을공동체 조성 • 주민 참여 지원 사업 • 마을기금	• 우리동네주무관 • 복지슈퍼바이저 • 찾아가는 복지, 보편복지 • 복지플래너, 복지통반장 • 통합서비스 제공 • 통합복지상담(복지상담전문관), 동 단위 사례 관리 • 복지공동체 조성 • 주민관계망 활성화, 나눔 이웃, 동 자원봉사 캠프 연계, 복지자원 조사	

〈자료〉 서울시. (2017). 찾아가는 동주민센터 업무매뉴얼

2. 주민센터에서 하는 일

(1) 제증명 발급 업무

주민등록 등·초본, 인감증명, 가족관계에 관한 증명서(제적등본 포함), 지방세 세목별 과세증명, 지방세 납세증명 등의 증명 서류를 발급한다. 세금을 안 냈을 경우 독촉장 교부 및 송달 체납액 징수 업무도 한다.

현재는 납세증명서, 병적증명서, 대학 졸업·재학·성적증명, 보육교사 경력증명, 외국인등록

◐ 신사동 주민센터

사실 증명, 국내 거소신고 증명 등을 언제 어디서든 온라인을 통한 발급이 가능하도록 하고 있다. 그리고 해당 주소지에서만 발급이 되는, 온라인 발급이 되지 않는 증명민원은 민원인이 신청 후 3시간 이내에 신청한 관공서에서 그 서류를 받을 수 있도록 하고 있다.

(2) 신고 관련 업무

❶ 출생·사망신고: 신생아 출생 후 한 달 이내에 출생신고를 해야 한다. 가족이 사망한 경우에도 한 달 이내에 사망신고를 해야 한다. 신고 서류의 본적지 송부 및 호적에 관한 업무도 담당한다.

❷ **전입신고**: 거주지를 옮겼을 때는 이사 후 14일 이내에 전입신고(거주지 이동에 대해 신고)를 해야 한다.

(3) 주민등록증 관련 업무

주민등록증에 대한 전반적인 업무로 최초 주민등록증에 대한 통보와 발급, 재발급 신청과 교부를 한다.

(4) 사회복지 관련 업무

❶ 기초생활보장 수급자, 장애인, 노인, 아동 등의 주민복지 기능 업무

❷ 주민자치 기능 업무

❸ 지역복지 기능 업무

❹ 주민편익 기능 업무

❺ 시민교육 기능 업무

❻ 지역사회진흥 기능 업무

❼ 이재민 관련 업무

(5) 민방위 업무

동원 대비 훈련, 민방위 훈련 대상자 통보 등의 관리를 한다.

(6) 취학 업무

초등학교에 들어가는 아이들에게 취학통지서를 발송한다.

(7) 선거 업무

선거인 명부 작성 등 선거 시 세세한 사항들을 관리한다.

(8) 기타 업무

수도요금 가구분할, 전기요금 가구분할, 지역 소관 업무의 기획조정, 청사 시설물 관리, 통장이나 반장의 위촉(어떤 일을 남에게 부탁하여 맡게 함)과 해촉(위촉했던 직책이나

자리에서 물러나게 함), 통장과 반장의 수당 지급, 대형 폐기물 처리 신청, 주택철거 및 멸실 사실 확인, 주민신고망 관리, 교육훈련 통지, 비상급수시설 수질검사, 중점관리 대상 인력의 지정 고시 등을 한다.

3. 전국 행정 구역과 행정 공무원 현황

전국 시·도 행정 구역 및 각각의 기관에 근무하는 행정 공무원의 수는 다음의 표와 같다.

 전국 시·도 행정 구역(읍·면·동)

구분 시·도별		시·군·구				행정시· 자치구가 아닌 구		읍·면·동				출장소			
		계	시	군	구	시	구	계	읍	면	동	계	시도	시군구	읍면
계(17)		226	75	82	69	2	35	3,502	220	1,193	2,089	79	7	15	57
특별시	서울	25			25			424			424				
광역시	부산	16		1	15			206	3	2	201	1		1	
	대구	8		1	7			139	3	6	130	2			2
	인천	10		2	8			149	1	19	129	7	1	3	3
	광주	5			5			95			95				
	대전	5			5			79			79				
	울산	5		1	4			56	4	8	44				
특별 자치시	세종							13	1	9	3				
도	경기	31	28	3			20	560	33	108	419	7	1	5	1
	강원	18	7	11				193	24	95	74	8	2		6
	충북	11	3	8			4	153	15	87	51	3	3		
	충남	15	8	7			2	207	24	137	46	4			4
	전북	14	6	8			2	241	15	144	82	1		1	
	전남	22	5	17				297	33	196	68	25		1	24
	경북	23	10	13			2	332	36	202	94	14		1	13
	경남	18	8	10			5	315	21	175	119	7		3	4
특별 자치도	제주					2		43	7	5	31				

주: ① 10개 면(면장 없음) - 7개 면: 주민 미거주, 3개 면: 주민 거주·행정수행
   ② 면적: 미복구 지역 면적 236.57㎢ 총면적에 포함
   ③ 세대수·인구: 2015. 12. 31. 현재 주민등록 기준, 공무원: 2015. 12. 31. 현재 정원 기준

전국 시·도 행정 구역(읍·면·동) 공무원 수

통·리			반			면적(㎢)	세대수	인구(명)	공무원(명)
계	통	리	계	도시	농촌				
94,980	58,144	36,836	489,472	380,233	109,249	100,341.1	21,011,152	51,529,338	302,070
12,528	12,528		94,647	94,647		605.22	4,189,948	10,022,181	49,353
4,564	4,398	166	27,120	25,168	1,952	769.96	1,437,818	3,513,777	17,494
3,559	3,293	266	23,438	23,438		883.56	982,360	2,487,829	12,042
4,230	3,969	261	22,234	20,717	1,517	1,047.51	1,154,004	2,925,815	13,617
2,296	2,296		11,337	11,337		501.18	580,427	1,472,199	7,357
2,474	2,474		13,930	13,930		538.99	597,008	1,518,775	7,254
1,535	1,176	359	10,542	8,581	1,961	1,060.96	451,688	1,173,534	5,863
369	106	263	2,084	763	1,321	464.90	81,806	210,884	1,438
15,979	11,916	4,063	91,766	74,870	16,896	10,175.14	4,885,012	12,522,606	48,806
4,203	1,970	2,233	21,951	14,898	7,053	16,874.32	685,005	1,549,507	17,391
4,742	1,815	2,927	19,015	8,940	10,075	7,407.38	669,503	1,583,952	13,056
5,529	1,206	4,323	24,314	16,363	7,951	8,213.98	885,968	2,077,649	17,144
7,959	2,804	5,155	23,965	17,536	6,429	8,067.25	782,986	1,869,711	16,564
8,415	1,649	6,766	23,962	8,606	15,356	12,312.74	833,901	1,908,996	20,859
7,922	2,750	5,172	40,490	16,935	23,555	19,029.81	1,169,648	2,702,826	25,375
7,990	3,280	4,710	33,296	20,316	12,980	10,538.84	1,367,142	3,364,702	23,204
686	514	172	5,381	3,178	2,203	1,849.36	256,928	624,395	5,253

City

02
주민센터의 대표 직업 – 행정 공무원

1. 행정 공무원이란?

우리가 가장 자주 만날 수 있는 공무원으로, 우리나라 행정의 바탕을 이루고 있으며, 공무원을 대표한다. 넓게는 각종 국가 제도를 연구하고, 법령 입안 및 관리·감독하고, 구체적으로는 일반행정, 사회, 노동, 문화, 홍보, 민원행정 등을 관리하고 집행하는 업무를 한다.

행정 공무원은 공개채용 시험을 거쳐 임용되고, 모든 부서와 수서에 배치될 수 있으며, 중앙 부처, 주민센터, 시·도청에 소속된다. 국가의 사무를 집행하는 국가 공무원과, 지방자치단체에 임용되는 지방 공무원으로 나뉜다. 지방 공무원은 지방자치단체별로 채용하는데, 특별시청, 광역시청, 도청, 시청, 군청, 구청 등의 지방자치단체에 소속되어 일하거나 그 산하 기관에 근무하는 공무원이다. 주민센터에서 일하는 공무원도 지방 공무원에 속한다. 또 다른 행정 공무원으로 인기가 많은 직렬은 공립 대학 및 전문대학에 근무하는 교육 공무원, 지방 교육청에 근무하는 교육 행정 공무원이다. 교육 공무원은 우리가 아는 교사, 교수이며, 교육 행정 공무원은 초, 중, 고등학교 행정실에서 근무하여, 교육 제도의 연구, 법령 입안 및 관리 감독 업무를 주로 한다. 군무원도 행정 공무원에 속하는데, 이들도 마찬가지로 군에서 필요한 행정 업무를 한다.

◆ 수서동 주민센터

지방 소방서에서 근무하는 소방공무원, 자치경찰제가 시행되는 지역의 자치경찰 공무원과 사회복지직, 세무직, 검찰수사직, 교정직, 보호직, 계리직, 관세직, 감사직, 사서직 등 다양하게 나뉜다. 이와 같은 특정직도 행정 공무원에 속한다.

2. 행정 공무원이 하는 일

대부분 사무 능력이 기초가 되면서 직렬에 따라 다른 성격의 업무를 수행하고, 특수한 능력이 요구된다. 행정 공무원에 속하는 주민센터 공무원의 근무 시간은 오전 9시~오후 6시이고, 주 5일 근무제이다. 그러나 9시부터 주민들이 찾아오는 일도 있어 보통 30분에서 1시간 일찍 출근한다.

◆ 찾아가는 동주민센터

업무의 성격에 따라 야근을 자주 하기도 하고, 나라에 위급한 재난재해 등 비상사태 시에는 늦은 밤은 물론 휴일에도 나와서 업무를 처리해야 한다. 예를 들어 홍수나 전염병처럼 위급한 사태를 해결하기 위해서는 퇴근하지 않고 당번을 정해 돌아가며 근무한다.

 일반 행정직 공무원 직급표(제3조 제1항 관련)

※ 보통 행정, 기술 계통 일반직 공무원은 9등급으로 나누어 분류한다.

직군	직렬	직류	계급								
			1급	2급	3급	4급	5급	6급	7급	8급	9급
행정	행정	일반행정	지방관리관	지방이사관	부이사관	지방서기관	정사무관	지방행정주사	지방행정주사보	지방행정서기	지방행정서기보

직급	행정부	지자체
5급[사무관]	계장	청 계장, 시 과장, 동 (면)장
6급[주사]	주무관	청 차관, 시 계장
7급[주사보]	실무자	실무자
8급[서기]	실무자	실무자
9급[서기보]	업무 보조	업무 보조

3. 행정 공무원이 되는 방법

(1) 공개경쟁 채용시험

행정 공무원이 되기 위해서는 공개경쟁 채용시험을 합격해야 한다.

❶ **시험 종류:** 행정부 공무원, 7급, 9급 지방 공무원 시험

❷ **응시 자격:** 대한민국 국적을 가지고 있는 모든 성인 남녀

❸ **연령 제한:** 젊고 유능한 인재를 뽑아 효율적으로 활용하기 위하여 다음과 같이 응시 연령에 제한을 두고 있다. 그러나 모집하는 기관에 따라 약간씩 차이가 있으니 시험 공고문을 자세히 살펴봐야 한다.

시험	제한	시험	제한
7급 공채시험	20세 이상	법원행정고등고시	20세 이상
8, 9급 공채시험	18세 이상	소방공무원	18세 이상 40세 이하
9급 교정직, 보호직	20세 이상	일반 순경	18세 이상 40세 이하

❹ **시험 과목**

9급 직렬	시험과목
행정직 (일반행정)	필수: 국어, 영어, 한국사 선택(2): 행정법 총론, 행정학 개론, 사회, 과학, 수학
관세직	필수: 국어, 영어, 한국사 선택(2): 관세법 개론, 회계 원리, 사회, 과학, 수학, 행정학 개론
전산직	국어, 영어, 한국사, 컴퓨터 일반, 정보보호론

4. 행정 공무원의 직업적 전망

행정 공무원의 월급은 봉급과 수당으로 이루어지며 지켜야 할 의무들이 있다.

(1) 봉급

공무원마다 계급과 근무 기간을 바탕으로 정해지는 호봉에 의해 결정되는데 이를 법령으로 규정하고 있다. 공무원의 종류에 따라 봉급표가 다르다. '호봉'이라는 것은 근무한 햇수를 기준으로 정해지는데 나름대로 원칙이 있다. 만일 7급 공무원 채용시험에 합격하여 근무할 경우 첫해에 1호봉이 되고 그 후 1년이 지나면서 1호봉씩 올라가 5년 후에는 5호봉이 되는 방식이다.

(2) 수당

봉급 이외에 공무원들에게 매달 지급하는 돈을 수당이라고 한다. 수당은 공무원의 종류, 맡은 업무, 계급, 일하는 환경, 일하는 장소 등에 따라 액수가 다르다. 따라서 똑같은 계급의 호봉을 받는 공무원이라도 수당으로 받는 금액은 서로 다를 수 있다.

일반 공무원 봉급표(2017년 기준)

계급 호봉	1급	2급	계급 호봉	3급	4급	5급	6급	7급	8급	9급
1	3,851,300	3,467,200	1	3,148,900	2,698,800	2,411,800	1,989,600	1,785,500	1,591,900	1,448,800
2	3,986,300	3,595,900	2	3,265,500	2,809,100	2,509,300	2,082,100	1,866,900	1,669,200	1,504,400
3	4,124,800	3,726,100	3	3,385,400	2,921,100	2,610,400	2,177,700	1,953,200	1,750,800	1,575,900
4	4,266,400	3,857,800	4	3,506,300	3,035,700	2,715,600	2,275,300	2,043,800	1,834,000	1,652,100
5	4,411,300	3,991,000	5	3,629,100	3,151,900	2,823,500	2,375,700	2,137,600	1,920,500	1,652,100
6	4,558,000	4,124,700	6	3,753,100	3,269,200	2,933,600	2,479,000	2,233,700	2,009,200	1,813,200
7	4,707,000	4,260,000	7	3,878,600	3,387,600	3,045,400	2,582,500	2,330,600	2,098,200	1,893,700
8	4,857,200	4,395,200	8	4,004,400	3,506,600	3,158,600	2,686,400	2,427,900	2,183,600	1,971,400
9	5,009,400	4,531,200	9	4,141,300	3,625,900	3,272,100	2,790,600	2,520,500	2,265,200	2,045,700
10	5,162,600	4,667,400	10	4,258,100	3,745,100	3,386,500	2,888,300	2,609,000	2,342,200	2,117,200
11	5,315,500	4,804,000	11	4,385.000	3,865,400	3,493,200	2,981,000	2,692,400	2,417,000	2,185,400
12	5,473,400	4,945,300	12	4,516,700	3,978,500	3,596,300	3,072,200	2,774,300	2,490,000	2,253,200
13	5,632,300	5,087,500	13	4,639,100	4,084,500	3,694,100	3,158,100	2,852,100	2,560,200	2,318,200
14	5,791,700	5,216,100	14	4,752,600	4,183,300	3,785,400	3,239,200	2,926,500	2,627,100	2,381,300
15	5,930,900	5,334,800	15	4,857,200	4,276,300	3,871,500	3,317,100	2,997,500	2,691,500	2,441,600
16	6,054,400	5,443,600	16	4,954,900	4,364,000	3,952,600	3,390,000	3,064,800	2,753,600	2,500,000
17	6,164,100	5,543,900	17	5,045,600	4,445,500	4,028,800	3,459,700	3,129,300	2,811,600	2,557,000
18	6,261,700	5,635,200	18	5,129,900	4,521,600	4,100,800	3,525,600	3,191,000	2,868,000	2,610,100
19	6,349,200	5,719,800	19	5,207,900	4,592,700	4,168,700	3,588,000	3,249,000	2,922,000	2,662,300
20	6,427,500	5,797,000	20	5,280,900	4,659,100	4,232,200	3,646,800	3,304,400	2,973,500	2,712,200
21	6,499,700	5,867,400	21	5,348,500	4,721,200	4,292,000	3,703,400	3,357,200	3,022,700	2,759,100
22	6,564,000	5,932,100	22	5,411,100	4,779,400	4,348,200	3,756,600	3,407,100	3,070,000	2,804,200
23	6,618,400	5,991,300	23	5,468,900	4,834,100	4,401,300	3,806,500	3,455,200	3,114,900	2,847,100

24	5,522,800	4,885,500	4,450,800	3,854,100	3,501,100	3,158,300	2,888,400
25	5,567,200	4,932,700	4,497,700	3,899,400	3,544,400	3,199,400	2,927,800
26	5,609,500	4,972,600	4,541,800	3,942,000	3,585,900	3,239,400	2,963,300
27	5,648,800	5,009,400	4,578,400	3,982,600	3,621,100	3,272,600	2,993,900
28		5,044,600	4,613,600	4,016,600	3,653,800	3,304,700	3,023,500
29			4,645,900	4,048,500	3,685,500	3,335,000	3,051,900
30			4,677,300	4,080,000	3,715,700	3,364,400	3,079,600
31				4,109,100	3,744,100	3,392,900	3,106,700
32				4,136,600			

(좌측) 24 : 6,039,700 / 25 : 6,085,900

※「공무원보수규정」부칙 제5조 제4항

※「공무원보수규정」별표 3

※ 총 보수 인상률 2.6%(단, 정무직·고위공무원단 및 2급(상당) 이상은 2.0%)

(3) 행정 공무원이 지켜야 할 의무

❶ **성실의 의무:** 모든 공무원은 법령을 준수하여 성실히 직무를 수행하여야 한다.

❷ **복종의 의무:** 공무원은 직무를 수행함에 있어서 소속 상관의 직무상 명령에 복종하여야 한다.

❸ **직장 이탈 금지:** 공무원은 소속 상관의 허가 또는 정당한 이유 없이 직장을 이탈하지 못한다.

❹ **친절 공정의 의무:** 공무원은 국민 전체의 봉사자로서 친절하고 공정히 일해야 한다.

❺ **종교 중립의 의무:** 공무원은 종교에 따른 차별 없이 직무를 수행해야 한다.

❻ **비밀 엄수의 의무:** 공무원은 재직 중은 물론 퇴직 후에도 직무상 알게 된 비밀을 지켜야 한다.

❼ **청렴의 의무:** 공무원은 직무와 관련하여 직접 또는 간접을 불문하고 사례, 증여 또는 향응을 수수할 수 없다. 공무원은 직무상의 관계 여하를 불문하고 그 소속 상관에게 증여하거나 소속 공무원으로부터 증여를 받아서는 안 된다.

❽ **품위 유지의 의무:** 공무원은 직무 내외를 불문하고 그 품위를 손상하는 행위를 하여서는 안 된다.

❾ **외국 정부의 영예 등을 받을 경우:** 공무원이 외국 정부로부터 영예 또는 증여를 받을 경우에는 대통령의 허가를 받아야 한다.

삶에 필요한 공공 서비스를 제공하기 위해 정부의 역할이 무엇보다 중요해지고 시민들의 행정 서비스 요구도 증대되고 있다. 따라서 2015년을 기준으로 향후 5년간 행정 공무원의 고용은 현 상태를 유지할 전망이다. 정부는 새로운 행정 서비스 등이 필요한 분야의 인력은 확충하는 반면, 불필요하거나 행정 수요가 줄어드는 분야의 인력을 감축하고 있다. 양적으로 큰 증가가 예상되지 않더라도 행정 서비스가 강조되는 분야의 채용은 계속하여 이뤄질 전망이다. 세부적으로는 인력 부족이 많다고 평가되는 사회복지 분야를 비롯해 일반 행정, 문화 등 국민 생활과 직결되는 서비스 제공 분야에서 일자리가 창출될 것으로 예상된다. 또한 민간 경력자를 대상으로 전문 지식을 갖춘 공무원 채용도 늘고 있어 채용의 기회는 확대될 전망이다.

공무원은 정년이 보장되며 신분이 안정적인 편이어서 입직 경쟁이 매우 치열한 편이다. 국내 경제 사정이 안 좋아지면서 청년층이 대거 공무원 시험에 응시해 어떤 시험은 경쟁률이 1000 대 1을 넘어서기도 했다. 2017년 국가직 행정공무원 지역구분 모집 전형의 경쟁률은 전 지역 평균 165.8:1로 전년 대비 하락한 수치를 보였다.

국가직 7급 일반행정직 2015년 경쟁률은 92.4:1이었으며, 2016년에는 135.5:1로 매우 높았고, 9급도 2015년 경쟁률은 172.5:1로 7급 경쟁률보다 훨씬 높았다. 2017년 7급 교육행정직은 151.7:1, 9급은 225.7:1로 일반행정직과 비슷하게 매우 높았다.

 지역 구분 모집 지역별 원서 접수 현황

응시 직렬	지역명	2017년			2016년		
		선발 예정 인원	접수 인원	경쟁률	선발 예정 인원	접수 인원	경쟁률
지역 구분 모집 계		860	44,520	51.8	614	49,250	80.2
	소계	115	19,063	165.8	126	27,180	215.7
행정 지역(일반)	서울·인천·경기	37	6,573	177.6	50	9,567	191.3
	강원	6	1,087	181.2	11	1,583	143.9
	대전·세종·충남·충북	9	2,328	258.7	16	3,649	228.1
	광주·전남	11	1,527	138.8	9	2,009	223.2
	전북	9	1,214	134.9	9	1,755	195.0
	대구·경북	6	2,184	364.0	18	4,300	238.9
	부산	9	1,594	177.1	6	2,031	338.5
	울산·경남	26	2,321	89.3	5	1,996	399.2
	제주	2	235	117.5	2	290	145.0

Interview

주민센터 행정 공무원

이기승

주민센터에서 하는 주요 업무는 어떻게 되는 지요?

등본, 초본, 가족관계증명서, 인감증명서와 같은 각종 민원 서류를 발급해드리고, 새로 이사 오시거나 가시는 주민들을 위해 전입, 전출신고와 같은 것을 해드리고 있습니다. 이렇듯 주민센터는 주민들의 민원이나 행정 업무를 처리해드리는 기관입니다.

주민센터의 주 업무 보장 하나로 복지 업무를 더 꼽을 수 있습니다. 기초생활수급자, 보육료, 장애인 서비스 등의 상담과 신청을 해드리고 있지요. 또한 작은 도서관이라고 해서 책 대출 및 열람 서비스와 지역 주민들을 위한 컴퓨터 교육, 노래교실, 요가 등 각종 프로그램도 실시하고 있습니다.

현재 맡고 계신 업무는 무엇인가요? 일과를 통해 말씀해주세요.

저는 복지 업무를 맡고 있습니다. 보통 8시 20분에 출근해서 일과가 시작되기 전 복지 업무를 담당하고 있는 4명의 직원들이 그날 어떤 업무가 있는지 공유하며 일을 분담합니다. 예를 들어 출장이 있거나 초과 근무가 필요한 일이 있으면 미리 공유해서 나누기도 하지요.

제가 주로 하는 업무는 노인복지, 주거복지, 이웃돕기, 보훈 등인데 이 부분에 대해 궁금해하거나 도움이 필요하신 분들이 전화를 주거나 직접 찾아오면 상담을 해드립니다. 업무가 시작되는 9시부터 오후 2시까지는 이분들을 상담하는 일을 주로 합니다.

점심시간은 따로 없나요?

온종일 중단 없이 민원인을 응대해야 하므로 점심시간에 2교대로 근무하며 민원인들을 상대합니다. 오후 2시부터 4시까지는 출장을 가는 경우가 많아요. 집수리 요청이라든지 후원 물품이 들어오면 나눠드려야 하거든요. 집수리 요청이 들어오면 저희가 직접 찾아가서 실태 조사를 합니다. 어떤 부분이 필요한지를 살피는 것이지요. 후원 물품은 주로 생필품, 쌀, 라면 등이 들어오는데 대상자 중에 거동이 불편한 분들이 많거든요. 그분들에게는 직접 전달해드려야 합니다.

출장을 다녀온 후부터 퇴근 시간까지는 처리하지 못한 업무를 봅니다. 대개 상담 업무나 서류 신청 업무인데, 일과 시간 안에 처리하기에는 시간이 부족해서 밤 9시까지 초과 근무를 하는 경우가 많습니다.

사회복지사 일을 하면서 어려운 점은 무엇인가요?

민원인들을 상대하는 것입니다. 민원인들은 생활에 어려움을 느껴 저희를 찾아오시는데, 저희는 소득과 재산 또는 부양 의무자 여부 등 기준 안에서 도와드릴 수 있거든요. 그 기준에 맞지 않아 도움을 받을 수 없는 분들 중 간혹 언성을 높이거나 화를 내시는 경우가 있어요. 저희 나름대로 그분들에게 제도적인 한계를 이해시키려고 노력하지만 납득하지 못하고 계속 도움을 요청할 때 어려움을 느낍니다.

> **도움이 필요한 분들**에게 **알맞은 서비스**를 찾아드리고,
> 그분들이 기뻐하며 돌아가시는 뒷모습을 보면
> **'이 직업을 잘 선택했구나'** 하는 생각이 듭니다.

Q 사회복지사라는 직업을 선택하길 잘했다고 느끼는 때는 언제인가요?

저희를 찾아오는 분 중에는 '내가 과연 혜택을 받을 수 있을까'를 걱정하며 오는 경우가 많아요. 그런데 상담하다 보면 그분이 기대했던 것 이상의 복지 서비스를 받을 수 있는 때가 있어요. 이럴 때 기뻐하는 상담자를 보면서 뿌듯함을 느낍니다.

예전에 기초생활수급 대상자 한 분이 찾아오셨는데, 그분은 3년 전 암 수술을 받은 후 1년마다 건강 검진을 받으셔야 했어요. 그런데 형편이 어려워 정기 검진을 받을 엄두를 못 내셨거든요. 그래서 여기저기 수소문 끝에 적십자를 통해 검진비용을 지원받도록 연결해드린 적이 있어요. 그분이 엄청 고마워하시더라고요.

이렇게 도움이 필요한 분들에게 알맞은 서비스를 찾아드리고, 그분들이 기뻐하며 돌아가시는 뒷모습을 보면 '이 직업을 잘 선택했구나' 하는 생각이 듭니다.

Q 직업으로서 사회복지사를 선택하신 이유는 무엇입니까?

대학 때 전공으로 신학을 공부하면서 어떻게 하면 사람들을 돕는 일을 직업으로 가질 수 있을까 찾아보다가 사회복지 공무원이 좋을 것 같아 시험 준비를 했지요. 사회복지 2급 이상 자격증을 취득하면 사회복지 직렬 지방직 공무원 시험 자격이 생깁니다. 저는 2013년 초에 사회복지 1급 자격증을 취득하고, 한 해 동안 사회복지사 일을 하면서 시험을 준비했어요. 그리고 2014년 초에 지방직 공무원 시험에 합격하여 6월부터 이곳 주민센터에서 일하고 있습니다.

Q 사회복지사에게 필요한 능력은 무엇이라고 생각하세요?

무엇보다 주민들을 섬기는 자세라고 생각해요. 저희를 찾아오는 분들은 도움이 필요한 경우가 많아요. 그분들과 상담하면서 상황을 파악하고 어떻게 도와드려야 할지 방법을 찾습니다. 이렇듯 서로 대화를 통해 풀어나가는 과정이 중요한데, 이때 섬기는 자세와 마음이 있다면 더 나은 해결 방안을 찾을 수 있을 것으로 생각합니다.

두 번째로는 자기 계발을 꼽고 싶어요. 복지 정책은 시간이 지나면서 계속 보완이 되어 새로운 지침이 계속 나오기 때문에 관련 공부를 계속해야 해요. 제가 알지 못하면 도움을 드릴 수 없거든요. 또한 복지 업무는 꽤 광범위합니다. 저 같은 경우도 틈틈이 도서관을 다니면서 공부를 하고 있는데, 이렇게 하다 보면 공부한 부분에서 도와드릴 수 있는 해결 방안을 찾게 되기도 하더라고요.

Q 사회복지사가 되는 데 필요한 마음가짐은 무엇일까요?

일하다 보면 상담자 중에 술을 드시고 오는 분도 있고, 폭력적인 분 등 굉장히 다양한 상황에 맞닥뜨려요. 때로는 도움을 드리고자 한 건데 본인은 피해를 입고 있다고 생각하시기도 해요. 그래서 상담 중에 간혹 제가 피해를 보는 경우도 있어요. 따라서 사회복지사는 강한 정신력이 필요한 직업이에요.

또한 적성이 맞아야 한다고 생각해요. 어렵게 공무원 시험에 합격해서 발령을 받았어도 일이 맞지 않아서 그만두는 경우도 종종 있거든요. 공무원이라는 직업이 안정적이긴 하지만 사회복지사는 적성에 맞지 않으면 계속하기가 힘이 듭니다.

Q 사회복지사를 꿈꾸는 청소년이 있다면 추천해주실 건가요?

예, 당연하죠. 직업이라는 건 생계 유지도 중요하지만, 보람을 느껴야 오랫동안 할 수 있다고 생각해요. 그런 면에서 사회복지사는 좋은 직업이라고 생각합니다. 안정적이면서도 국가의 재정으로 도움이 필요한 분들을 도와드리는 업무이기 때문에 큰 보람을 느낄 수 있는 매력적인 직업이라고 생각합니다.

어떤 금융학자는 은행을 남의 돈으로 돈을 버는 기업이라고 했다. 사람들이 저축한 돈으로 다른 사람들에게 빌려주면서 생기는 이자의 차이로 생존하는 기업이지만, 경제를 활발하게 하는 데 굉장한 도움을 주는 곳이다.

은행원이 하는 업무를 통해 은행의 종류와 기능을 알기 쉽게 파악해보자.

Bank

City

V

은행과
은행원

01

은행 이야기

1. 은행이란?

은행이란 고객의 돈을 안전하게 보관하고 이를 대출이나 투자에 사용하는 금융 기관이다. 고객이 맡긴 돈은 여러 형태의 예금으로 저축되며, 그 예금은 예금주에게 추가 수익을 준다. 즉, 은행은 고객이 맡긴 돈을 사용한 대가로 예금주에게 이자를 지급한다.

은행은 기업 및 개인의 경제 활동에 중요한 역할을 한다. 기업은 설비 도입이나 공장 신축을 위해 은행에서 돈을 빌린다. 주택이나 자동차, 기타 생활용품의 대금을 완전히 지불할 능력이 없는 사람들도 은행에서 돈을 빌린다. 이렇듯 은행은 여러 가지 재화와 용역의 판매를 촉진한다.

2. 은행의 종류와 기능

우리나라의 은행 구조는 중앙은행인 한국은행을 중심으로, 단기 상업 금융 업무를 주요 업무로 하는 일반 은행과 특수 정책 금융을 전담하는 특수 은행으로 분류된다.

(1) 중앙은행

한 나라 금융 제도의 중심적인 기관으로서 우리나라의 한국은행, 미국의 연방준비제도(FRB), 영국의 잉글랜드은행, 독일의 연방은행, 프랑스의 프랑스은행 등이 있다. 한 나라의 전반적인 경제와 돈의 관리를 담당하는 우리나라의 중앙은행인 한국은행이 하는 일을 지금부터 살펴보자.

❶ 화폐 발행: 한 나라에서 통화되는 화폐를 발행하는 유일한 기관으로, 한국조폐공사에서 만든 돈을 국민이 쓸 수 있도록 내준다.

❷ 은행의 은행: 일반 은행을 상대로 돈을 빌려주거나 맡아주는 일을 한다. 일반 은행은 돈이 부족할 때를 대비해 한국은행에 돈을 맡겨둔다. 그래서 한국은행을 '은행의 은행'이라고 한다.

❸ 정부의 은행: 정부는 국민들에게 거둔 세금을 일반 은행에서 받아 한국은행에 예금했다가 필요할 때 찾아 사용하고, 돈이 부족할 때 한국은행에서 빌리기도 한다.

❹ 통화량 조정: 물가가 안정될 수 있도록 돈의 양과 흐름을 조절한다. 이는 기준 금리(이자)를 조정함으로써 가능하다. 한국은행에서는 한 달에 한 번씩 금리의 기준을 정해서 발표하여 시중의 돈의 양을 조절하여 경제를 안정시킨다.

❺ 외화 관리: 한 나라의 기업이 수출이나 수입을 하려면 외화(외국 돈)가 필요하다. 한국은행은 우리나라 안에 적정한 양의 외화가 머물 수 있도록 관리한다.

❻ 기타 업무: 우리나라 경제 전반에 대한 조사 및 통계를 작성한다.

🔻 한국은행 화폐박물관

(2) 일반 은행

우리은행, 국민은행, 신한은행, 하나은행 등 우리가 제일 흔하게 거래하는 은행을 말한다. 현재 우리나라 시중 은행 또는 일반 은행은 1950년 5월에 제정된 은행법에 의해 설립되었다. 전국 은행과 지방 은행이 있으며, 외국 은행 국내 지점도 일반 은행 업무를 수행한다. 일반 은행의 주요 업무는 다음과 같다.

❶ **예금 업무**: 개인이나 기업으로부터 예금을 받아서 필요한 개인과 기업에 빌려주어 각종 수수료와 이자를 받는다. 그리고 수수료와 이자의 일부를 예금주들에게 돌려줌으로써 그 차액을 이익금으로 남긴다.

❷ **공과금 수납**: 세금이나 공과금, 등록금, 아파트 관리비 등을 대신 받아준다.

❸ **외환 업무**: 무역을 하는 사업가와 해외 관광객은 여행과 무역 결제에 필요한 다른 나라의 돈을 은행에서 편리하게 바꿀 수 있다.

❹ **기타 업무**: 개인의 귀금속, 보석, 유가증권 등을 보관해주고, 거래 기업의 경영 상태에 대해 상담도 해준다. 또한 신용카드를 발급하고 결제하는 일도 한다.

(3) 특수 은행

특수 은행은 특수한 목적을 위해 은행 업무와 특별한 업무를 함께하며, 은행의 설립 목적에 맞게 특별한 조건을 가진 사람들에게 혜택을 주고 있다. 일반 은행에서 자금을 공급하기 어려운 경제 부문에 자금을 공급하는 역할을 한다. 주로 정부 출자 자본으로 정부 및 외국의 차입금과 채권 발행 등을 기반으로 운영된다. 특수 은행에서도 대출 업무가 이루어지는데 예전에는 대출 대상자 및 기관이 시중 은행과 많이 달랐으나 최근 들어서는 가계를 대상으로 하는 대출 상품이 증가하면서 시중 은행과 별반 차이가 없어졌다.

우리나라에는 중소기업의 지원을 위한 중소기업은행, 농민과 어민을 지원하는 농협과 수협, 우리나라의 주요 산업에 돈을 대주는 한국산업은행, 수출과 수입, 외국투자 금융을 지원하는 한국수출입은행 등이 있다.

(4) 제1, 2, 3금융권의 분류

금융권은 중요도에 따라 제1, 2, 3금융권으로 나누고 있다.

- 제1금융권: 시중 은행, 지방 은행, 특수 은행
- 제2금융권: 증권회사, 보험회사, 저축은행, 새마을금고, 투자신탁회사, 종합금융 회사, 신용협동조합
- 제3금융권: 대부업체, 사채업체

(5) 디지털 금융

디지털 금융이 대세로 떠오르면서 현재 시중은행들은 비대면 영업을 강화하면서 국내 지점을 통폐합 방식으로 줄이는 추세다. 4대은행의 국내 지점(출장소, 사무소 포함)수가 1년 만에 161개나 줄어든 것으로 나타났다. 앞으로도 은행은 창구를 이용하지 않는 고객이 늘어나고, 내방 고객 수가 줄어드는 상황이 맞물리면서 은행들이 국내지점을 계속 줄여나갈 것으로 예상된다.

금융권에서는 디지털 기기를 기반으로 한 무인점포를 확대하고 있으며, 기존 은행 영업점의 통폐합에도 속도를 내고 있다. 실제, 디지털 키오스크와 같은 디지털 기기가 은행 영업점 창구에서 진행되는 업무의 90% 이상을 소화하는 것으로 평가되고 있기 때문이다.

이런 디지털금융의 진화는 케이뱅크, 카카오뱅크 등 아예 지점이 하나도 없는 인터넷전문은행의 출범까지 낳았다.

4대 은행 지점수 변화

종류	국내			해외		
	2016년	2017년	증감	2016년	2017년	증감
KB국민은행	1,118	1,032	58	11	12	1
우리은행	905	875	-30	22	23	1
KEB하나은행	855	780	-105	135	140	5
신한은행	870	900	30	27	28	901
계	3,778	3,617	-161	195	203	8

※ 출처: 금융감독원 전자공시

02
은행의 대표 직업 - 은행원

1. 은행원이란?

창구에서 돈을 받아 저축해주는 일뿐만 아니라 개인의 재산을 어떻게 관리해야 하는지 알려주고, 기업에 돈을 빌려줄 때 기업의 신용을 분석하는 등의 일을 한다. 이 밖에 신용카드를 만들어주고, 보험을 파는 등 다양한 업무를 맡고 있는 만큼 은행원들의 종류와 업무도 더욱 세분화되고 있다. 사람들이 일반적으로 은행에 가서 가장 많이 보게 되는 은행원들의 업무는 텔러 업무라고도 하는 창구 업무이다.

2. 은행원이 하는 일

은행원의 직급은 일반 기업과는 조금 다르다. 기업의 회장 같은 직급으로 전체를 총괄하는 행장, 이사, 각 은행의 지점을 총괄하는 지점장, 고객 상담을 전담하는 CS 매니저, 그 외 과장, 대리, 행원이 있다. 다음으로 은행원 업무에 대해 자세히 알아보자.

(1) 은행 창구의 업무

은행 창구에서 일하는 은행원은 고객이 원하는 업무를 신속하고 정확하게 처리해야 한다. 상품과 서비스, 은행 업무 절차상의 변화에 대해서도 지속적으로 교육을 받는다. 또한 심하게 훼손된 화폐를 교환하거나 위조 화폐 감별, 처리 업무도 한다.

하루 업무는 상사로부터 그날 하루에 거래되는 양의 돈을 지급받은 다음 시작된다. 간혹 금전적인 실수가 벌어지는 때에는 은행원이 책임을 지는데, 책임을 질 수 없는 큰 액수의 경우에는 상부로 보고 처리가 되며, 이를 돕기 위해 은행 직원을 위한 대출이 따로 있다.

(2) 예금 업무

일반 국민이나 기업 또는 공공기관 등으로부터 위탁받은 돈을 활용하여 여러 가지 일을 한다. 고객이 은행에 돈을 맡길 때는 보통 두 가지 이유에서이다. 하나는 지급의 편리성 또는 일시적인 보관을 위해서이고, 또 하나는 이자를 받아 돈을 불리기 위해서이다. 일반적으로 전자와 같은 예금을 요구불 예금이라 하고 후자의 경우를 저축성 예금이라고 하는데 저축성 예금이 요구불 예금보다 훨씬 많다. 요구불 예금은 이자를 거의 주지 않는다.

(3) 대출 업무

대출은 은행이 이윤을 만들어내는 중요한 업무이다. 은행은 개인이나 기업에 대한 신용 평가를 통하여 돈을 빌려주는데 이때 평가된 상환 능력에 따라 담보 여부를 결정한다. 빌리는 주체에 따라 기업 자금 대출, 가계 자금 대출, 공공 자금 대출로 나눌 수 있고, 방식에 따라 어음할인, 어음대출, 증서대출, 당좌대출로 구분된다. 또한 대출 목적에 따라서 상업어음할인, 무역금융, 일반 자금 대출, 주택 관련 대출 등이 있다.

(4) 투자 업무

은행은 고객이 예금해놓은 돈을 다른 곳에 투자하여 이윤을 창출해야 한다. 그 이윤으로 고객들에게 이자도 지불하고 은행 직원들의 급여도 준다. 그렇기 때문에 외국 시장으로까지 눈길을 돌린다. 이에 관한 업무 영역이 IB(Investment Banking)라고 불리는 투자 업무이다.

투자금융팀, 국제금융팀, 자산 유동화팀, 증권대행팀 등에는 전문 인력이 투입된다. MBA(전문 경영인을 양성하기 위한 경영학 석사 과정) 출신을 비롯하여 CFA(미국 재무분석사), CPA(공인회계사), CIA(증권분석사) 등 전문 자격증을 보유하고 있는 사람이 이 부서에서 일하거나 혹은 일반 기업금융 경험과 함께 수년간 프로젝트 파이낸싱 업무 경험을 보유한 전문가들의 조언을 받으며 일한다.

3. 은행원이 되는 방법

은행원이 되기 위해서는 고등학교 졸업 이상의 학력이 필요하지만 대부분 기업이 대졸 이상의 학력을 가진 사람을 채용하고 있다. 과거의 은행원 채용은 졸업 시기를 전후로 하여 정규적으로 모집하였으나 최근에는 결원이 생길 경우 수시로 채용하고 있으며, 인턴 사원으로 채용하여 일정 기간이 지난 후 정규 사무원으로 채용하는 경우도 있다.

담당 업무에 따라 법학, 경제학, 경영학, 무역학, 회계학, 통계학 등의 기초 이론을

이해하고 적용할 능력이 필요하고, 컴퓨터 조작 능력은 필수 요건이다. 돈을 다루는 업무의 특성상 수리 능력, 금융 환경 변화의 흐름을 읽는 능력, 대출 실행 여부에 대한 판단 능력, 자금 운용과 투자 계획을 세울 때 필요한 자산 관리 능력 등이 있어야 한다. 신뢰감과 정직성, 세심함, 꼼꼼함, 인내심과 책임감이 필요하다. 그리고 일반 고객들과 접촉이 많기 때문에 좋은 대인 관계와 의사소통 능력이 선호된다. 또한 관련된 상품을 홍보하고 판매하는 능력도 필요하다. 큰 액수의 돈을 다루는 경우가 많기 때문에 이에 스트레스를 받지 않으면서도 사적 목적으로 돈을 취급하지 않고자 하는 직업 윤리도 요구된다.

(1) 관련 학과

은행원과 관련된 대학 학과로는 경영정보과, 경영학과, 경제학과, 금융보험과, 경영회계정보과, 회계학과 등이 있다.

(2) 관련 자격증

최근 들어서는 공인회계사 등의 전문 자격증을 취득한 은행원의 입사도 늘고 있다. 또한 관련 자격증은 은행텔러 자격증이 있다. 은행텔러 자격증은 한국금융연수원이 시행하는 민간 자격증으로 응시 자격에 제한이 없어 누구나 도전할 수 있다. 시험은 1년에 3회, 서울, 대전, 대구, 전주, 광주, 부산, 제주에서 실시된다. 시험 과목은 크게 창구 실무1과 창구 실무2가 있다. 창구 실무1은 일반수신, 가계여신, 외국환, 내국환 과목이며, 창구 실무2는 출납·계산, 신용카드, 방카슈랑스, 신탁 및 집합투자, 전자금융 및 지로·공과금 과목이다. 여기에 금융경제일반, 고객서비스 및 창구 마케팅 등 텔러 기본지식에 대해 시험을 본다. 그 외 컴퓨터 활용 능력과 외국어를 습득해야 한다.

(3) 필기시험 과목

은행마다 다르고, 합격자에 한해 면접시험을 치른다.

종류	은행	필기시험 과목
중앙은행	한국은행	경제학, 경영학(회계학 포함), 법학, 통계학, IT, 컴퓨터공학 중 택 1과 논술
시중 은행	국민은행	논술 90분, 기획안 작성, 금융상식 퀴즈 (경제금융상식, 역사, 철학 등)
	신한은행	인·적성 검사
	우리은행	적성검사, 논술, 약술
	하나은행	적성검사, 상식, 논술
특수 은행	한국수출입은행	미시경제학, 거시경제학, 국제경제학, 국제금융학 등
	산업은행	전공논술, 일반논술, 영어논술
	농업협동조합	영어, 상식
	기업은행	논술, 약술, 직무능력평가 (경제, 금융상식, 논리, 수리, 판단, 응용력에 관한 문제)

(4) 고졸 은행원 모집 방법

고졸 은행원은 고등학교 졸업생만을 대상으로 하는 제도로 은행마다 매년 각기 다른 숫자의 은행원을 선발하고 있다. 텔러, 외환, 개인대출 등의 업무를 담당하게 되며, 몇몇 은행은 선 취업 후 진학을 모토로 은행을 다니면서 학위도 받을 수 있는 과정을 마련하고 있다.

응시할 수 있는 자격은 상업계 특성화고등학교 졸업(예정)자, 상업계열 특성화학과를 운영하는 일반 고등학교 졸업(예정)자이며 특히 '장애인 고용촉진 및 작업 재활법'에 의한 장애인, '국가유공자 등 예우 및 지원에 관한 법률'에 의한 취업 보호 대상자를 우대한다.

고졸 은행원 역시 금융 관련 자격증 소지자를 우대하는데 펀드 투자 상담사, 은행텔러, 은행PP, AFPK 자격증이 포함된다. 고등학교 재학 기간 중 장관급 이상 표창 수상자와, 군 단위 이하 소재 고등학교 졸업(예정)자를 우대하는 은행도 있다.

4. 은행원의 직업적 전망

은행원의 연봉은 은행마다 차이가 있지만 사원의 경우에는 평균 연봉이 약 5,000만 원이다. 대리는 약 5,600만 원, 과장은 약 6,500만 원, 차장은 약 6,700~8,700만 원 사이이다. 부장이 되면 1억 원이 넘는 연봉을 받게 된다. 남녀 연봉 차이가 큰 편으로 남자 직원의 평균 연봉은 약 9,940만 원이고, 여직원은 약 5,330만 원으로 집계되었다. 보너스는 일반적으로 100% 수준으로 지급되나 해당 연도의 영업 수준이나 이익에 따라 0%~1,000% 큰 폭의 차이를 보인다. 전반적으로 경기가 어려웠던 2013년의 경우 금융계의 침체로 대부분의 일반 은행 보너스는 0%였다.

2017년 9월 말 기준으로 일반 은행의 평균 연봉 순위를 살펴보면, 우리은행이 7,000만 원, 신한은행이 약 6,900만 원, KEB하나은행이 6,400만 원 수준, KB국민은행이 약 6,200만 원이라고 한다.

향후 5년간 금융 관련 사무원의 고용은 다소 감소할 전망이다. 2009년에 시행된 자본시장통합법 시행은 금융 관련 사무원의 업무 영역을 확대해서 이들의 고용에 긍정적인 영향을 미쳤지만, 인터넷 및 모바일 뱅킹의 일상화는 창구에서 일하는 텔러의 일자리에 부정적인 영향을 미치는 것으로 나타났다.

한편, 우리나라 금융산업은 세계 경제의 전반적 흐름에 크게 영향을 받는데 당분간은 선진국의 경기 부진과 국제유동성 증가, 자본 유출입의 불확실성 때문에 금융시장이 밝다고는 할 수 없다. 따라서 현재 국내 금융시장이 위축된 상태이기 때문에 향후 금융 질서가 안정화되면 고용 위축도 어느 정도 완화될 것으로 보인다.

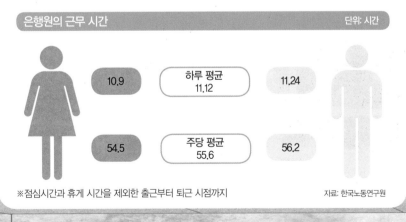

근무 시간(2016년 기준)

은행원의 근무 시간 단위: 시간

	하루 평균 11.12	
10.9		11.24
54.5	주당 평균 55.6	56.2

※점심시간과 휴게 시간을 제외한 출근부터 퇴근 시점까지

자료: 한국노동연구원

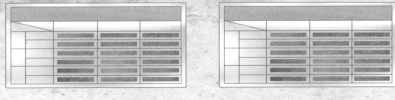

민중의 지팡이로 불리는 경찰은 국민의
자유와 권리를 보호하고 사회의 질서를
유지하는 것을 목적으로 한다.

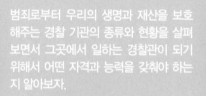

범죄로부터 우리의 생명과 재산을 보호
해주는 경찰 기관의 종류와 현황을 살펴
보면서 그곳에서 일하는 경찰관이 되기
위해서 어떤 자격과 능력을 갖춰야 하는
지 알아보자.

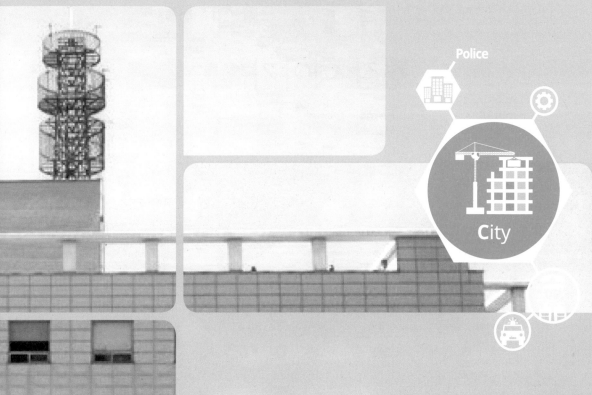

VI 경찰서와
경찰관

City

01
경찰 이야기

1. 경찰이란?

경찰은 국민의 생명과 재산, 권리를 보호하고, 범죄의 예방, 수사, 치안, 교통 등 기타 공공의 안녕과 질서를 유지하는 일을 한다. 즉, 우리 사회의 법과 질서를 유지하고, 법을 어기는 사람들로부터 시민들의 생명과 재산을 보호하며, 법률을 위반한 사람들을 체포하는 일을 한다. 또한 외국의 정부 기관 및 국제기구와의 국제 협력을 꾀하기도 하고, 해양에서의 경비, 안전, 오염 방제 등 해상에서 발생한 사건의 수사를 담당한다.

2. 경찰 기관의 종류

우리나라의 경찰 기관은 전국의 경찰 업무를 지휘하고 통제하는 본부로서 서울 서대문구에 경찰청이 있고, 16개 광역 지방자치단체별로 지방 경찰청이 한 개씩 있다. 그리고 각 지방 경찰청 산하에 254개 경찰서를 두고, 경찰서 산하에 516개 지구대, 1,485개 파출소 및 치안 센터를 두고 있다.

국가 경찰과 지방 경찰로 나뉘는데, 국가 경찰(national police)은 국가의 지휘 · 감독과 조정 · 통제가 필요한 사항의 정책을 입안하고, 광역 사건 사고, 대규모 소요, 대(對)간첩 작전, 마약 · 테러범죄, 조직범죄 등을 담당한다. 지방 경찰(local police)은 관할 구역 내 주민의 생명과 신체 및 재산의 보호, 범죄 예방 · 진압 및 수사, 교통지도 · 단속, 기타 공공의 안녕과 질서의 유지에 관한 사무를 포괄적으로 담당한다.

요즘에는 특수 목적을 가진 특수 경찰 조직도 있다. 예를 들면 테러 진압을 하는 경찰기동대, 시위 등 치안 질서 유지를 하는 경찰기동대, 청와대를 경비하는 101경비단, 컴퓨터를 이용한 범죄를 수사하는 사이버 범죄 수사대, 마약 수사대, 지하철 경찰대, 22경찰경호대, 정부 청사 경비대 국회 경비대, 한강 경찰대, 고속도로 순찰대, 공항 경찰대 등이다.

이러한 특수 경찰 조직은 대부분 지방 경찰청 산하 조직으로 운영된다. 해양 경찰청은 원래 경찰청에 소속되어 일했으나 해양 주권 분쟁 등 해양을 둘러싼 경찰 업무가 계속 늘어나자, 1996년 경찰청 산하에서 벗어나 해양 수산부 소속의 해양 경찰청으로 독립하였다.

(1) 경찰청

경찰의 중앙 조직으로 우리나라 경찰의 총본부이며, 경찰 계급 중에서 제일 높은 치안총감이 경찰 업무를 총지휘한다. 부속 기관으로는 경찰대학, 교육원, 중앙경찰학교, 경찰수사연수원 등 4개의 교육 기관과 경찰병원이 있다. 경찰청에는 청장 외에 한 명의 차장과 감사관, 정보통신관리관, 교통관리관, 기획조정관, 홍보담당관, 경무담당관,

⊙ 경찰청

생활안전국, 수사국, 경비국, 정보국, 보안국, 외사국 등이 있으며, 그 밑으로는 27개 과가 있다.

구체적으로 하는 업무를 살펴보면, 생활안전국, 수사국, 교통국 등이 민생 치안을 담당하고, 정보국, 보안국 등이 사회 질서 유지, 대변인, 기획조정관, 정보화장비정책관 등이 행정 지원을 담당하고 있다.

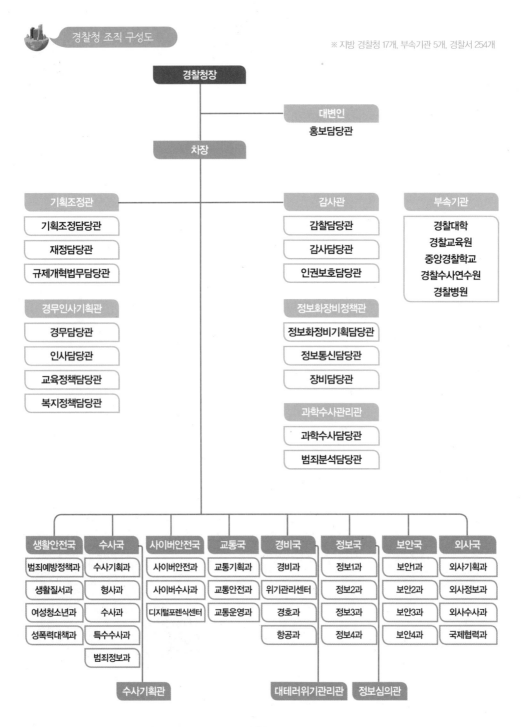

경찰청 조직 구성도

※ 지방 경찰청 17개, 부속기관 5개, 경찰서 254개

경찰청장

대변인
홍보담당관

차장

기획조정관
- 기획조정담당관
- 재정담당관
- 규제개혁법무담당관

경무인사기획관
- 경무담당관
- 인사담당관
- 교육정책담당관
- 복지정책담당관

감사관
- 감찰담당관
- 감사담당관
- 인권보호담당관

정보화장비정책관
- 정보화정비기획담당관
- 정보통신담당관
- 장비담당관

과학수사관리관
- 과학수사담당관
- 범죄분석담당관

부속기관
- 경찰대학
- 경찰교육원
- 중앙경찰학교
- 경찰수사연수원
- 경찰병원

생활안전국	수사국	사이버안전국	교통국	경비국	정보국	보안국	외사국
범죄예방정책과	수사기획과	사이버안전과	교통기획과	경비과	정보1과	보안1과	외사기획과
생활질서과	형사과	사이버수사과	교통안전과	위기관리센터	정보2과	보안2과	외사정보과
여성청소년과	수사과	디지털포렌식센터	교통운영과	경호과	정보3과	보안3과	외사수사과
성폭력대책과	특수수사과			항공과	정보4과	보안4과	국제협력과
	범죄정보과						

수사기획관

대테러위기관리관   정보심의관

◐ 경상남도청 경남지방경찰청

(2) 지방 경찰청

경찰의 지방 조직은 지방 경찰청이 대표적이며, 그 산하에 경찰서, 지구대, 파출소, 치안 센터 등이 있다. 치안 센터는 예전에 경찰관이 순찰할 때만 이용했으나 지금은 주민들의 편의를 위하여 경찰관을 상주시키고 있다. 그러나 모든 치안 센터가 그런 것은 아니다. 일부 치안 센터에는 야간에만 경찰관이 근무하기도 한다.

(3) 경찰서

일선 치안 업무를 관장하는 곳이다. 특별시, 광역시, 도의 지방 경찰청 산하에 있으며, 관내 치안 유지 및 국민의 생명, 재산 보호를 위하여 형사 수사, 방범, 순찰, 교통질서 확보 등을 수행한다. 각 경찰서에는 평균 200~300명의 경찰 공무원이 배치되어 있다. 경찰서장은 경무관, 총경 또는 경정 직급이 하며 각 경찰서에는 경무과, 생활안전과, 수사과, 경비교통과, 정보보안과 등이 있다.

(4) 파출소

◐ 구룡리 – 금성파출소

본래 경찰 조직 중에서 지역 주민과 가장 밀접한 기관이었다. 그러나 지난 2003년부터 경찰 인력과 예산을 효율적으로 활용하기 위해 3~5개 파출소를 통합하여 지구대를 만들어 운영하였다. 그런데 농어촌 지역의 경우, 한 지구대가 관리하는 지역이 너무 넓어 운영상의 문제점이 발생하자 파출소를 다시 설치하여 운영하는 방향으로 바뀌었다.

3. 경찰 현황

 경찰 인력 현황

연도	경찰 인력	1인당 담당 인구수
2001	90,819	526
2002	91,592	527
2003	92,165	523
2004	93,271	519
2005	95,336	513
2006	95,613	510
2007	96,324	509
2008	97,732	504
2009	99,554	498
2010	101,108	492
2011	101,239	501
2012	102,386	498
2013	105,357	485
2014	109,364	469
2015	113,077	456
2016	114,658	451

※출처: 2017 경찰통계연보

 계급별 현황 및 평균 연령

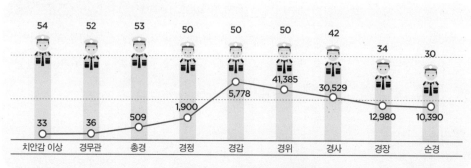

※출처: 2013 경찰통계연보

C i t y

02
경찰서의 대표 직업 – 경찰관

1. 경찰관이란?

주민들이 안전하게 사는 데 필요한 모든 일을 한다. 순찰 및 범죄자 검거, 다툼 중재, 교통정리를 한다. 경찰관이 되려면 신체 능력이 매우 중요하다. 무술 실력과 순발력이 필요하고, 체력적으로 힘든 업무가 많기 때문에 신체적 강인성도 필요하다. 그리고 수사를 하기 위해서는 판단력과 논리력, 추리력이 필요하다. 마지막으로 법률에 관한 지식도 필요하고 다른 사람의 행동이나 동기를 분석할 수 있는 심리 지식도 필요하다.

경찰관의 종류는 일반 순경, 여자 경찰, 간부 경찰관이 되기 위한 경찰간부 후보생, 청와대의 경비를 수행하는 101경비단 등으로 나눌 수 있다. 이 외에도 시위 진압 업무를 겸하는 특수기동대,

111

대테러 업무를 수행하는 경찰특공대, 사이버 범죄 수사 전문요원, 대테러 여경특공대원 등도 있다. 경찰서의 형사과에 근무하는 사람은 '형사'라는 이름으로 불리기도 한다.

경무관, 총경, 경감, 경위는 사법경찰관으로서 검사의 지휘를 받아 범죄를 수사하고, 경사, 순경은 사법경찰리(사법경찰관리[司法警察官吏]는 사법경찰관과 사법경찰리를 합하여 지칭하는 용어이다. 사법경찰관은 경무관·총경·경정·경감·경위 등을 말하고, 사법경찰리는 경사 및 순경 등을 말한다.)로서 검사 또는 사법경찰관의 지휘를 받아 수사를 보조하되, 경찰관은 직무상 수사에 관계있는 비밀을 준수하고 피의자 또는 다른 사람의 인권을 존중해야 한다.

2. 경찰관이 하는 일

경찰관으로 채용되면 파출소, 경찰서 및 각급 경찰관서에 배치되어 근무한다. 처음 1년 동안은 일선 파출소에 배치되어 현장 근무를 하게 된다. 그 후 본인의 희망이나 적성에 따라 수사, 형사, 보안, 교통 등의 전문 분야에서 근무할 수 있다. 여자 경찰들은 주로 수사 민원 관련 업무를 담당하지만, 강력범을 수사하고 체포하는 업무를 하는 경우도 있다. 또한 상당한 시간을 기록 작성과 보관에 할애하고, 기소한 범법자에 대한 재판이 있을 경우에는 증인 자격으로 법원에 출두하기도 한다.

우리나라 경찰의 모든 직무는 경찰관 직무집행법에 따라 집행되어야 하고, 이를 지키지 않을 시 직권 남용으로 고소될 수 있다.

(1) 방범 및 검거 활동

담당 구역에서 순찰을 돌며 범죄와 각종 안전사고를 예방한다. 주민 신고 접수, 고소 및 고발 등의 민원 상담, 안전사고 위험 방지, 비행 청소년 선도나 청소년 유해업소 단속 등의 업무를 한다. 여성, 어린이 범죄뿐 아니라 조직폭력배, 불법체류 등 출입국 사범, 컴퓨터 범죄, 마약사범, 환경사범, 밀수범죄 등 각종 범죄 단속 등의 업무를 통해 범죄를 예방하고, 검거 활동을 한다.

(2) 수사 활동

용의자를 감시하거나 범죄가 드러난 사람을 체포하기 위해 범죄에 관해 정보를 모으고, 잠복근무, 탐문 수사, 과학 수사 등 다양한 방법을 동원해서 수사한다. 실종, 마약사범, 경제사범, 공무원, 식품, 환경, 총기, 문화재, 밀수, 병역, 성매매 등의 사건을 맡는다. 최근에는 사이버 테러의 탐지, 추적 수사 및 경보 등의 조치를 하고, 디지털 매체 등 증거 분석 업무까지 처리한다.

(3) 외사 활동

외국인이 연관된 국제 범죄를 수사하기도 하며, 국제형사경찰기구(인터폴)에서 범인을 잡기 위해 요청하면 해당 수사를 적극적으로 돕는다.

(4) 경비 활동

국가적 행사나 비상시 질서를 유지하기 위해 경비하고, 테러가 일어나면 진압 활동을 한다. 외국 대통령, 중요 인사, 범죄를 당할 가능성이 있는 사람들을 안전하게 경호한다.

(5) 도로교통 활동

도로에서 차량의 흐름을 조절한다. 도로교통사고의 예방을 위한 홍보와 지도를 하고 단속한다. 도로교통사고 조사와 차량 통제를 하고, 고속도로를 순찰하며 사고 위험을 방지한다.

(6) 정보 활동

국가와 국민의 안전을 지키는 데 필요한 정보를 수집한다. 간첩을 잡는 일도 여기에 속하며, 치안정보 업무에 관해 기획하고, 지도와 조정을 한다. 집회, 시위 등 집단 사태의 관리에 관해 지도 및 조정을 한다.

이와 같은 다양한 업무를 수행하기 위해 범죄 용의자를 불심 검문하여 동행을 요구할 수 있고, 미아를 보호하였을 때는 다른 기관에 구호를 요청하거나 보호할 수 있다.

3. 경찰관이 되는 방법

첫째, 고졸 이상의 학력으로 경찰관 공개경쟁 채용시험을 거쳐 일반 순경이나 경력 채용의 경사 및 경감, 경위 등이 되거나, 특별 채용시험으로 모든 계급의 경찰관이 될 수 있다. 둘째, 경찰대학을 진학하여 경위로 임관을 하는 경우이다. 경찰대학은 경찰에서 개설한 초급 간부 양성학교로서, 각 군 사관학교와 동일한 방식으로 경찰간부 요원을 육성한다. 졸업하면 경위로 임용된다. 셋째, 경찰간부 후보생 시험에 합격하여 경위로 임관하는 경우이다.

직업 경찰이 되기 위해서는 1종 보통의 운전면허는 반드시 보유해야 한다.

(1) 공채(공개경쟁 채용시험)

고졸 이상의 학력을 가진 사람이면 응시할 수 있다. 공채 과정은 〈필기시험 → 신체검사 → 체력검사 → 적성검사 → 면접시험〉 순이다. 응시 연령은 18세~40세이다. 필기시험 과목은 경찰학 개론, 한국사, 영어, 형법, 형사소송법이다.

(2) 특채(특별경쟁 채용시험)

경찰 특공대원이나 사이버 수사요원 모집, 경찰행정학과 졸업생처럼 직무에 관련된 자격증이나 전문 지식을 가진 사람을 임용하는 경우에 특채를 실시한다. 그 밖에 사법시험에 합격한 사람, 섬이나 외딴곳 등 특수 지역에서 근무할 사람, 외국어에 능통한 사람 등을 임용하는 경우에도 실시한다. 또한 업무의 성질에 따라 전문가나 경력자를 특별 채용하는 경우도 있다.

시험 과목은 사법시험 합격자는 한국사, 행정학, 5급 공채(행정) 합격자는 한국사, 형법, 형사소송법이다. 임용 계급은 경정이다. 경찰로서 선발하는 인원 중 최고급 자원이 된다.

❶ 경찰행정학과 졸업생: 경찰행정 또는 해양 경찰 관련 학과의 2년제 이상 대학의 졸업생이나, 4년제 대학의 재학생 중 전공 이수로 인정될 수 있는 과목을 45학점 이상 이수하고 군 복무를 마친 사람을 경사 이하의 경찰 공무원으로 임용한다. 응시 연령은 20세~40세로 일반 순경 공채와 같은 방법으로 선발한다.

❷ **사이버 정보보안 요원:** 사이버 범죄를 예방하고 수사하는 전문 경찰관으로, 응시 연령은 20세~40세이다. 악성코드 및 모의 해킹, 정보보안 개발 분야 업무에 3년 이상 근무 경력이 있는 사람, 국제 올림피아드 및 국내, 국제 해킹대회 입상 경력자, 전산 관련 분야(컴퓨터공학, 소프트공학, 정보보호학, 정보통신공학 등 전공자에 한함) 학사학위 이상 취득한 사람으로서 정보보안 업무를 2년 이상 수행한 사람을 뽑는다. 〈실기시험(구술 방법) → 서류전형 → 체력 및 적성검사 → 면접시험〉 순이다.

❸ **사이버 수사요원:** 사이버 범죄는 인터넷상 해킹, 바이러스 유포, 통신 사기, 불법 사이트 운영, 개인 정보 침해, 불법 다운로드 등을 말한다. 응시 연령은 20세~40세이고, 학력은 고등학교 졸업 또는 동등 이상의 학력을 가진 사람이면 가능하고, 기타 다음 요건 중 하나 이상 충족해야 한다. 첫째, 정보처리 관련 자격증을 보유한 자로 전산 관련 분야 업무를 3년 이상 수행한 사람, 둘째, 전산 관련 분야 학사학위 취득 후 관련 분야 업무를 2년 이상 수행한 사람, 셋째, 전산 관련 분야에서 학사학위를 취득하고 같은 분야 석사학위 이상 취득한 사람이다. 〈실기시험 → 서류전형 → 체력검정 → 적성검사 → 신체검사 → 면접시험〉 순으로 진행된다.

❹ **경찰특공대:** 무도공인(태권도, 유도, 검도, 합기도) 2단 이상이어야 한다. 단, 화생방 요원은 제외한다. 응시 연령은 전술, 폭발, 탐지견을 다루는 분야는 20세~30세이고, 화생방 요원은 20세~40세이다. 자동차 운전면허 1종 보통을 소지해야 한다. 실기시험의 경우 전술요원은 체력검정(70%), 사격(30%)이고, 폭발물 처리와 탐지견 운용 요원은 실기시험(70%), 사격(30%)이다. 화생방 요원은 화생방 지식, 화생방테러 대응요령 구술평가(80%), 2km 달리기(20%)를 본다.

⑤ 피해자 심리 요원: 응시 연령은 20세~40세이고, 심리학 전공의 학사학위 이상 소지자 또는 심리상담 분야의 근무 경력 또는 연구 경력이 3년 이상인 사람이면 가능하다. 실기시험, 서류전형, 체력검사, 적성검사, 면접시험 등이다.

⑥ 항공요원: 군 복무를 마친 23~45세의 사람이다. 일반 조종은 운송용 조종 또는 사업용 조종사 자격증(회전익 항공기에 한함) 소지자로서 다음 조건을 모두 충족해야 한다. 회전익 항공기 비행 경력 5년 이상 또는 회전익 항공기 비행 시간 1,500시간 이상(최근 3년 이내 회전익 항공기 비행 경력이 있는 자)이다. 계기 조종은 일반 조종사 응시 자격 요건을 모두 갖추고, 계기 조종

으로 실계기 비행 시간 300시간 이상(최근 3년 이내 계기 비행 교관 비행 경력자에 한함) 경험을 가진 사람에 한한다. 실기시험(헬기 조종 70%, 항공영어 30%), 체력검정, 적성검사, 서류전형, 면접시험을 봐야 한다.

⑦ 외국어 능통자: 경위 이하 경찰 공무원으로 채용하는 경우에 한하며, 군 복무를 마친 20~40세의 사람으로 다음 중 하나 이상의 요건에 해당해야 한다. 첫째, 국내 대학(4년제) 해당 학과를 졸업한 사람, 둘째, 해당 언어권 국가에서 2년 이상 유학 또는 거주한 사람, 셋째, 어학 능력 자격증을 취득한 사람이다. 실기시험(번역 30%, 회화 70%), 체력검정, 적성검사, 신체검사, 면접시험을 봐야 한다.

(3) 경찰간부 후보생 채용시험

우리나라에서 가장 오래된 경찰간부 양성 제도로 경찰대학 졸업생과 마찬가지로 경위로 임용된다. 채용 분야는 일반, 세무, 회계, 외사, 전산, 정보통신이다. 응시 연령은 21~40세이고, 군 복무를 마쳐야 한다. 원래는 경찰 종합학교에서 훈련하였으나 2010년부터 경찰교육원으로 옮겨 교육하고 있다.

4. 경찰관의 직업적 전망

경찰관은 엄격한 계급 구조를 가진 직업이다. 이들의 근무 여건과 향후 직업 전망을 살펴보자.

(1) 경찰관의 계급 및 승진

일반적으로 경찰 공무원으로 채용되면 순경 계급에서 시작한다. 하지만 경찰대학이나 경찰간부 후보생으로 졸업한 경우엔 경위 계급에서 경찰 공무원 생활을 시작한다.

경찰의 계급은 순경, 경장, 경사, 경위, 경감, 경정, 총경, 경무관, 치안감, 치안정감, 치안총감 순으로 높다. 순경이 맨 아래 계급이고 치안총감이 제일 높은 계급이다. 경찰은 업무 특성상 상명하복식의 엄격한 계급구조로 되어 있다. 또한 일정한 계급에 일정한 기간 이상 근무하면 상위 직급으로 승진할 수 있으며, 경위부터 치안감까지의 경찰관은 일정 기간 이상 같은 계급에 재직할 수 없도록 계급 정년제를 택하고 있다.

(2) 시보 임용

경정 이하의 계급으로, 바로 정식 경찰관이 되지 않고 1년 동안의 인턴 과정을 거치는 것을 말한다. 1년간의 시보 임용 기간이 끝나야 비로소 정식 경찰관에 임용된다. 시보 기간에도 정식 경찰관과 똑같은 일을 하지만, 근무 성적이나 교육 훈련 성적이 나쁘면 정식 경찰 공무원이 되지 못하기도 한다.

그러나 경찰대학 졸업생이나 경찰간부 후보 졸업생, 자치 경찰 공무원을 같은 계급의 국가 경찰 공무원으로 임용할 경우는 시보 임용을 거치지 않고 바로 정식 경찰관으로 임용한다.

(3) 초임 경찰관의 근무지

❶ **경위나 경정 계급으로 채용된 경우:** 처음 2년 동안 경찰서에 배치되어 여러 근무 부서를 돌아가면서 근무하며, 기초적인 직무 지식과 경험을 쌓게 된다.

❷ **순경 계급으로 채용된 경우:** 지구대나 파출소, 출장소 또는 경비 업무를 수행하는 부서에 배치된다. 요즈음은 순경 채용 시 근무 부서를 조건으로 하는데, 보통 일반 순경 공채는 5년 의무 복무 기간 중 2년을 기동대에서 근무해야 한다고 되어 있다. 기동대 근무는 보통 신임 교육 후 임용과 동시에 하는 경우가 많지만, 일부는 다른 부서에서 근무하다가 의무 복무 기간 5년 안에 순번에 따라 기동대에 근무하기도 한다.

(4) 시간제 근무

출산이나 육아를 위해 필요한 경우 시간제 근무를 할 수 있다. 단, 하루에 최소 3시간 이상 근무해야 하며, 1주일에 동안 총 35시간 이하라야 한다.

(5) 보수

경찰관 보수는 크게 봉급과 수당으로 이루어져 있다. 봉급은 다음과 같다.

 경찰 공무원 · 소방공무원 및 의무경찰 등의 봉급표

※ 월 지급액, 단위: 원

	치안정감 소방정감	치안감 소방감	경무관 소방준감	총경 소방정	경정 소방령	경감 소방경	경위 소방위	경사 소방장	경장 소방교	순경 소방사
1	3,877,000	3,490,300	3,148,900	2,827,400	2,542,400	2,196,300	1,962,300	1,818,800	1,651,600	1,530,900
2	4,012,900	3,619,800	3,265,500	2,937,700	2,639,900	2,290,700	2,054,800	1,900,200	1,728,900	1,603,500
3	4,152,300	3,751,000	3,385,400	3,049,700	2,741,000	2,387,000	2,148,500	1,986,500	1,810,500	1,680,400
4	4,294,800	3,883,500	3,506,300	3,164,300	2,846,200	2,486,200	2,244,700	2,077,100	1,893,700	1,762,000
5	4,440,700	4,017,700	3,629,100	3,280,500	2,954,100	2,586,800	2,343,300	2,170,900	1,980,200	1,844,300
6	4,588,400	4,152,200	3,753,100	3,397,800	3,064,200	2,690,100	2,443,000	2,267,000	2,068,900	1,928,400
7	4,738,300	4,288,400	3,878,600	3,516,200	3,176,000	2,795,500	2,543,500	2,363,900	2,157,900	2,008,900
8	4,889,600	4,424,500	4,004,400	3,635,200	3,289,600	2,901,900	2,644,200	2,461,200	2,243,300	2,086,500
9	5,042,800	4,561,500	4,131,300	3,754,500	3,402,700	3,009,200	2,745,300	2,553,800	2,324,900	2,160,900
10	5,197,000	4,698,500	4,258,100	3,873,700	3,517,100	3,109,500	2,840,800	2,642,300	2,401,900	2,232,400
11	5,350,900	4,836,000	4,385,000	3,994,000	3,623,800	3,204,400	2,930,500	2,725,700	2,476,700	2,300,700
12	5,509,900	4,978,200	4,516,700	4,107,100	3,726,900	3,296,900	3,018,700	2,807,600	2,549,700	2,368,300
13	5,669,900	5,121,400	4,639,100	4,213,100	3,824,700	3,384,300	3,102,600	2,885,400	2,619,900	2,433,400
14	5,830,300	5,250,900	4,752,600	4,311,900	3,916,000	3,467,700	3,181,500	2,959,800	2,686,800	2,496,400
15	5,970,400	5,370,400	4,857,200	4,404,900	4,002,100	3,546,000	3,257,400	3,030,800	2,751,200	2,556,700
16	6,094,800	5,479,900	4,954,900	4,492,600	4,083,200	3,621,200	3,328,500	3,098,100	2,813,300	2,615,100
17	6,205,200	5,580,800	5,045,600	4,574,100	4,159,400	3,691,000	3,396,600	3,162,600	2,871,300	2,672,200
18	6,303,500	5,672,800	5,129,900	4,650,200	4,231,400	3,758,200	3,461,000	3,224,300	2,927,700	2,725,300
19	6,391,500	5,757,900	5,207,900	4,721,300	4,299,300	3,821,200	3,522,100	3,282,300	2,981,700	2,777,500
20	6,470,400	5,835,600	5,280,900	4,787,700	4,362,800	3,881,000	3,580,200	3,337,700	3,033,200	2,827,300
21	6,543,100	5,906,500	5,348,500	4,849,800	4,422,600	3,937,300	3,635,400	3,390,500	3,082,400	2,874,200
22	6,607,800	5,971,700	5,411,100	4,908,000	4,478,800	3,991,700	3,687,700	3,440,400	3,129,700	2,919,400
23	6,662,500	6,031,300	5,468,900	4,962,700	4,531,900	4,041,600	3,737,000	3,488,500	3,174,600	2,962,400
24		6,080,000	5,522,800	5,014,100	4,581,400	4,089,800	3,784,400	3,534,400	3,218,000	3,003,600
25		6,126,500	5,567,200	5,061,300	4,628,300	4,135,100	3,829,600	3,577,700	3,259,100	3,042,900
26			5,609,500	5,101,200	4,672,400	4,178,100	3,870,900	3,619,200	3,299,100	3,078,500
27			5,648,800	5,138,000	4,709,000	4,218,300	3,906,300	3,654,400	3,332,300	3,109,100
28				5,173,200	4,744,200	4,252,700	3,940,500	3,687,100	3,364,400	3,138,600
29					4,776,500	4,284,600	3,972,600	3,718,800	3,394,700	3,167,100
30					4,807,900	4,316,000	4,003,000	3,749,000	3,424,100	3,194,800
31						4,344,900	4,031,900	3,777,400	3,452,600	3,221,900
32						4,372,400				

비고 〈개정 2018. 1. 18.〉

1. 경찰대학생: 1학년 286,200원, 2학년 321,700원, 3학년 356,200원, 4학년 447,400원
2. 경찰간부 후보생 및 소방간부 후보생: 임용 예정 계급의 1호봉에 해당하는 봉급의 80%에 상당하는 금액
3. 의무 소방원: 특방은 지원에 의하지 않고 임용된 하사 봉급 상당액, 수방은 병장 봉급 상당액, 상방은 상등병 봉급 상당액, 일방은 일등병 봉급 상당액, 이방은 이등병 봉급 상당액
4. 의무경찰: 특경은 지원에 의하지 않고 임용된 하사 봉급 상당액, 수경은 병장 봉급 상당액, 상경은 상등병 봉급 상당액, 일경은 일등병 봉급 상당액, 이경은 이등병 봉급 상당액

향후 5년간 경찰관의 고용은 다소 증가할 것으로 보인다. 최근 전체 범죄 발생 건수는 다소 줄어들었지만 경기 침체로 인한 민생 침해 범죄가 늘고 있다. 2008년에 비해 4대 범죄 중 교통 범죄는 줄었으나 절도, 지능 범죄, 폭력 범죄는 늘고 있어 치안 부담과 수요는 증가하고 있다. 특히 지능 범죄의 경우 전문적인 경찰 인력이 더욱 요구된다. 그럼에도 2013년 기준으로 경찰 1인당 담당 인구는 485명으로 선진국(미국 401명, 영국 403명, 프랑스 347명, 독일 320명 등)에 비해 경찰관 수가 부족한 형편이다.

경찰청 경찰 통계에 따르면 2013년 경찰관 취업자는 10만 5,357명으로 2008년 9만 7,732명에 비해 연평균 1.5% 증가하였다. 또한 2014년에는 10만 9,364명, 2015년에는 11만 3,077명, 2016년에는 11만 4,658명으로 매해 지속해서 증가하고 있는 추세이다.

정보화 시대의 진전으로 사이버 범죄가 2010년 12만 2,902건에서 2016년 15만 3,075건으로 25% 증가한 것을 감안할 때 향후 사이버 범죄 수사 요원에 대한 수요 또한 높아질 것으로 전망된다.

이러한 사이버 테러 및 범죄는 국제화되는 경향도 강하게 나타나고 있다.

또한 최근에는 금융 산업이나 원자력발전소 등 국가 기간 산업이나 안전 관련 핵심 시설을 보호하고 모니터링하기 위한 전문화된 인력의 보강이 필요하다.

더불어 북한 이탈 주민 보호, 외국인 출입국 관리, 해상 범죄 단속을 위한 경찰 및 해양 경비 업무와 전문 시스템 운영에 필요한 경찰 서비스 인력의 수요도 증가할 전망이다.

이렇듯 안전 보장, 질서 유지, 각종 수사를 위한 경찰 서비스의 수요가 향후 5년간 지속해서 증가하되, 2018년 이후에는 인구 증가세 둔화로 증가 폭이 다소 줄어들 것으로 전망된다.

이 직업을 가진
사람에게 듣는다

Interview

형사

조수형

형사4팀
형사3팀
형사2팀
형사1팀

경찰관은 어떤 일을 하나요?

경찰관 직무집행법 2조에 보면 나와 있어요. 첫 번째 국민의 생명·신체 및 재산의 보호, 두 번째 범죄의 예방·진압 및 수사, 세 번째 경비, 주요 인사 경호 및 대간첩·대테러 작전 수행, 네 번째 치안 정보의 수집·작성 및 배포, 다섯 번째 교통 단속과 교통 위험 요소의 방지, 여섯 번째 외국 정부 기관 및 국제기구와의 국제 협력, 일곱 번째 그 밖에 공공의 안녕과 질서 유지. 이렇게 큰 범위로 정해져 있습니다. 이 중에서 제가 하는 수사 업무는 두 번째 범죄의 예방·진압 및 수사 중 수사에 해당합니다.

경찰관의 근무 형태는 어떻게 되나요?

경찰관은 크게 내근직과 외근직으로 나눌 수 있습니다. 내근직은 경찰서나 각 관서, 관청 안에서 실질적인 행정 업무를 보는 근무 형태입니다. 행정 업무는 일반 공무원과 동일하게 아침 9시부터 오후 6시까지 업무를 합니다. 이와 비교해 외근 경찰관의 업무는 굉장히 다양합니다. 일반인들이 쉽게 접할 수 있는 지구대, 파출소 그리고 교통 경찰관 등이 있습니다.

근무 시간은 어떻게 되나요?

제가 일하고 있는 형사과 근무를 토대로 설명하자면, 가장 기본적인 형태는 4조 2교대입니다. 이 기본적인 형태에 1교대 팀은 주간 근무라고 해요. 주간 근무는 12시간 혹은 13시간 근무를 합니다.

아침 9시에 근무를 시작하면 저녁 9시까지, 8시에 시작한다면 저녁 8시까지 합니다. 9시에 근무를 시작하려면 대략 30분 전에 출근해서 30분 동안 전 근무자와 인수인계를 합니다. 이전 근무 시간에 일어난 중요 사건이나 처리한 사건을 다음 근무자에게 인계해줘야 합니다. 예를 들어 어느 집에서 폭행 사건이 있었어요. 그 피해자가 경찰관에게 도움을 요청했고 불안하기 때문에 순찰을 자주 해줬으면 좋겠다, 혹은 또다시 피해를 당해 신고하면 즉시 출동해달라는 등의 민원을 합니다.

또는 장마철이 되어 관내 하천의 수위가 올라가면 인명을 보호하기 위해 차량 및 주변을 통제해야 하는데, 적절히 통제하려면 계속해서 하천의 수위를 체크해야 합니다. 이럴 때는 주기적으로 순찰을 돌면서 살펴봐야 하고, 체크한 내용을 다음 사람에게 인수인계해야 합니다. 이렇듯 다양한 사건 처리 내용을 인수인계해주면 다음 근무자들이 파악하고 있다가 즉각 대응할 수 있습니다. 그래서 12시간 근무에 인수인계를 위

도움이 필요한 사람들에게
다양한 방법으로 **도움을 주는 모습**,
그런 모습이 좋아서 **경찰**이 되었습니다.

해 근무 전후 30분씩 더하니 실제적으로 근무하는 시간은 13시간이 됩니다.

자연재해까지 관리하나요?

그럼요. 경찰은 국민의 생명과 재산을 보호해야 하잖아요. 그런 이유로 하고 있어요. 이렇게 근무 패턴은 주간 근무, 야간 근무, 비번 휴무 식으로 순환됩니다.

근무 시간에 어떤 일을 하시나요?

저는 형사과 소속으로 당직 잡무, 일근, 비번을 돌아가면서 합니다. 먼저 24시간 당직 근무 중에는 지구대나 파출소에서 체포한 현행범을 저희에게 인계하면 조사하게 되죠. 이렇게 내근을 하기도 하고 외근을 하기도 해요.

예를 들어 당직 근무 중에 누군가 집에서 사망했거나 길거리에서 사망했다는 신고가 들어올 경우 저희 형사과 형사들이 출동합니다. 사람이 사망하면 병원에서 치료받다가 사망하지 않는 한 경찰서에 신고를 해야 해요. 이때 사망 원인을 알 수 없는 사망 사고면 '변사'라고 해요. 이런 변사체 신고가 들어오면 저희가 출동해서 범죄 혐의가 있는지 없는지 확인합니다. 외상, 외력에 의한 상처가 있는지, 혹시 자살했다면 왜 자살하게 됐는지 등의 원인을 수사합니다. 또한 화재가 나도 출동하죠. 119 소방대원은 불을 끄지만, 저희는 화재의 원인을 조사합니다. 만일 실수로 화재가 일어났다면 실화죄, 고의로 불을 냈다면 방화죄에 해당하지요. 수사의 목적은 범죄 혐의가 있는지 파악하는 것입니다. 만일 범죄 혐의가 있다고 확인되면 사건은 강력계 형사에게 넘겨집니다.

강력계 형사와 형사계 형사의 차이는 무엇인가요?

형사계 형사는 피의자(혹은 혐의자)와 피혐의자, 그리고 관련된 서류가 함께 지구대나 파출소에서 넘어오는 사건을 맡게 됩니다. 즉, 피의자, 혐의자, 서류가 모두 있는 사건은 형사팀이 맡게 되고, 강력계 형사가 맡는 사건은 피의자(혹은 혐의자)가 없는 사건입니다.

좀 더 쉽게 말하자면 어떤 사건 현장에서 피의자가 체포되는 경우에는 형사계가 맡아서 수사하고, 범인이 도망갔다면 강력계가 맡아 진행하는 거죠.

또한 형사계로 범인과 서류가 함께 인계되더라도 강력 범죄 또는 중요 범죄일 경우, 즉 살인 사건 현장에서 범인이 체포되었거나, 강도 사건 현장에서 범인이 체포되었는데 피해가 너무 클 경우, 강력계 형사들이 전담해서 수사하게 됩니다.

123

24시간 당직 근무가 끝나면 퇴근하나요?

아니요. 이후 잡무가 시작됩니다. 당직 근무 때 미처 다 하지 못한 조사, 예를 들어 사건 현장에 나가 CCTV도 확인하고 증거 등을 수집하는 일을 하죠. 시간이 지나면 목격자들의 기억이 희미해질뿐더러 증거도 훼손될 수 있기 때문에 잡무 때 나가서 조사하게 됩니다.

잡무는 언제까지 하게 되나요?

잡무 시간은 몇 시부터 몇 시까지라고 정해진 건 아니에요. 사건 담당 형사가 판단해서 증거 수집이나 목격자 진술을 빨리 확보해야 한다고 판단되면 진행합니다. 이후 다음 날 아침 일근이 시작돼요. 일근은 아침 9시부터 오후 6시까지 일반 공무원과 동일합니다. 진행 중인 수사가 있다면 일근 때 처리하죠. 대개 당직과 잡무 때 하던 업무가 이어지며 보강 수사를 하게 됩니다. 이렇게 일근이 끝나면 다음 날은 비번, 비번이어서 휴식을 취합니다.

당직과 잡무를 자주 해서 많이 힘들겠군요.

그동안 형사들이 많이 힘들어서 근무 체계가 바뀌었어요. 주간-야간-비번-휴무 순으로요. 그런데 이렇게 되니까 잡무와 일근 때 하던 일들을 하기 어렵게 되었어요. 그래서 중간에 주간-야간-비번-일근 이렇게 한 번씩 일근 근무가 들어가게 됐어요. 일근 때 주간 당직이나 야간 당직 때 맡았던 사건을 보강 수사하죠. 또 잡무 때 했던 일들을 비번 때 하기도 합니다. 한번 맡은 사건은 사건 종결 때까지 계속 수사해야 하기 때문이죠.

형사 업무에서 어려운 점은 무엇인가요?

수사할 때 어려운 점은 아무래도 증거 확보가 아닐까 싶어요. 목격자도 중요하지만 증거를 확보해야 사건을 풀 수 있죠. 요즘은 CCTV가 많이 설치되어 있어 사건을 해결하는 데 큰 단서를

주기도 합니다. 관공서에서 설치한 CCTV는 형사 소송법과 경찰관 직무집행법에 따라서 필요할 경우 요청하면 확인이 가능한데, 일반 사설 CCTV는 증거 확보에 어려움이 많습니다. 자기가 피해를 보면 적극적으로 보여줘요. 그러나 자기가 피해를 보지 않았으면 보여주기 귀찮아하는데, 이럴 때 힘듭니다.

또 한 가지 어려운 점은 피의자 수사를 꼽을 수 있습니다. 서로 폭행한 사건이거나 업무 방해 등으로 경찰서에 오는 경우, 초반에는 흥분된 상태로 와서 자기 불만을 토로하지만, 시간이 지나 감정이 누그러지면 저희 형사들과 대화가 통하거든요. 그런데 술에 취해 오는 경우는 정말 힘듭니다. 온갖 욕설에 폭행까지 하는 사람도 있어요. 저희끼리 형사도 감정 노동자라고 말하는데, 형사도 인간이기에 이런 점이 가장 어렵고 힘이 듭니다.

수사하는 데 가장 필요한 조건은 무엇일까요?

열정과 의지, 끈기만 있으면 어떤 수사든 다 할 수 있다고 생각해요. 자신이 맡은 사건에 대해 반드시 진실을 밝혀야겠다는 열정과 의지만 있으면요. 100을 검거라고 본다면 0은 서류에서 시작된다고 볼 수 있는데, 이때 열정과 의지가 단서를 찾는 동력이 돼요. 이렇게 단서를 하나씩 찾을 때마다 100을 향해

갈 수 있는 거죠. 그런데 끈기가 부족하여 더는 못 하겠다고 포기해버리면 100에 도달할 수 없어요.

Q **형사님의 경우 포기하지 않게 하는, 끈기의 원동력은 무엇인지요?**

형사마다 다르겠지만 제 경우는 기쁨과 희열입니다. 열정과 의지를 가지고 끈기 있게 단서를 찾다 보면 마치 퍼즐 조각이 맞춰지듯 하나의 거대한 형체, 바로 범인에 대한 형체가 나타나요. 드디어 퍼즐이 완성되면 범인이 선명하게 드러나지요. 저희는 이것을 가리켜 '범인을 특정'했다고 합니다.

이제 형사들은 본격적인 수사에 들어가요. 어떤 형사는 범인 주거지에 가서 탐문, 잠복하고, 어떤 형사는 범인의 가족을 만나서 수소문하고, 어떤 형사는 범인의 휴대폰 통화 내역이나 주로 가는 곳을 수사하는 등 다 같이 합심해서 범인을 검거합니다. 저는 범인을 잡아 수갑을 '찰칵' 채울 때의 순간이 가장 기쁘고 좋더라고요. '앞으로는 적어도 이 범인 때문에 다른 피해자는 안 나타나겠구나' 하는 안도감과 기쁨, 희열 등이 생기지요.

Q **경찰이라는 직업을 잘 선택했다고 느꼈을 때는 언제인가요?**

제가 강력계 형사 시절 절도 사건을 맡았을 때, 단서를 통해 범인을 검거한 적이 있었습니다. 그때 도난품의 일부를 회수할 수가 있었어요. 범인이 일부는 팔았지만, 나머지는 회수해서 피해자에게 돌려주었지요. 피해자는 몇 번이나 저에게 감사의 인사를 하더군요. 그때 경찰이라는 직업을 잘 선택했다는 생각을 하며 보람을 느꼈습니다.

또 얼마 전에 관내에서 자살 사건이 있었어요. 그 사람은 외국인으로 가족과 함께 살고 있었는데, 저희 경찰이 수사했을 때는 타살의 흔적이 없어 단순 자살로 처리했어요. 하지만 자살의 원인은 밝혀지지 않았지요. 그런데 본국의 부모·형제는 함께 있었던 가족들을 의심했어요. 혹시 가족들이 죽인 거 아닌가 하고요. 그래서 가족들이 굉장히 힘들어했어요. 가장을 잃었는데 의심까지 받았으니 더 힘들었지요. 그런데 우리가 수사를 해서 자살임을 밝히고 그 의심을 풀어줬어요. 그랬더니 가족들이 전화를 걸어왔어요. "정말 고맙습니다. 형사님이 밝혀주신 덕분에 아버지 장례를 잘 치렀습니다"라고요. 이럴 때 보람을 느끼죠.

우리가 맡은 업무에는 큰 사건도 있고 작은 사건도 있어요. 하지만 큰 사건이라고 해서 더 열심히 하고, 작은 사건이라고 해서 대충 하고 그런 법은 없어요. 물론 큰 사건은 작은 사건에 비해 해결하지 못하면 피해가 훨씬 크지요. 그러나 피해자의 입장에서는 모두 똑같거든요. 피해와 억울함을 풀어드렸을 때 잊지 않고 고마움을 전해주시는 분들 덕분에 늘 힘이 나고 보람을 느낍니다.

Q **왜 경찰이 되고 싶었나요?**

어릴 때부터 경찰관이라는 직업이 멋있다고 생각했어요. 어릴 때는 경찰 제복을 입은 모습만 봐도 멋있어 보이잖아요. 그리고 무엇보다 국민한테 많은 도움을 주는 점이 근사해 보였어요. 경찰 업무는 우리 사회의 모든 일에 개입하지 않는 곳이 없어요. 각종 범죄 수사는 물론이고 자연재해까지 개입합니다. 위험에 처하거나 사건이 발생해서 도움이 필요하면 먼저 경찰에 신고하잖아요. 도움이 필요한 사람들에게 다양한 방법으로 도움을 주는 모습, 그런 모습이 좋아서 경찰이 되었습니다.

Q **형사라는 직업을 한마디로 표현한다면?**

'보람 있는 직업'이라고 말하고 싶네요. 세상에 다양한 직업이 있고, 그중에서 형사 업무는 육체적으로 감정적으로 힘들지만 사건을 하나하나 해결하면 정말 큰 보람을 느낍니다. 한마디로 만족감이 큰 직업인 것 같습니다.

도서관을 방문하면 세상을 볼 수 있다. 주변 곳곳에 위치한 도서관은 각종 기록물과 도서, 영상 자료 등을 통해 지식과 지혜를 배울 수 있는 곳이다. 그리고 훌륭한 사서 없이는 훌륭한 도서관도 없다는 말이 있다.

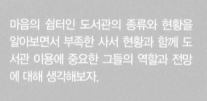

마음의 쉼터인 도서관의 종류와 현황을 알아보면서 부족한 사서 현황과 함께 도서관 이용에 중요한 그들의 역할과 전망에 대해 생각해보자.

Library

City

VII 도서관과 사서

01
도서관 이야기

1. 도서관이란?

　　도서관은 도서 및 기타 자료를 수집하여 보존하는 곳으로 사람들의 독서, 조사, 연구, 참고, 취미 등에 도움이 되고자 운영하는 기관이다. 인간의 사상과 활동의 기록을 보존하고 정리하여 모든 사람이 편리하게 이용할 수 있도록 하는 사회적, 문화적 기관이다.

　　도서관이 소장하고 있는 자료는 도서, 잡지 등의 인쇄 자료뿐만 아니라 음향 자료(레코드, 녹음테이프 등), 영상 자료(필름, 사진 등), 점자 자료와 멀티미디어, 그리고 디지털 자원까지 다양하다.

　　우리나라 최초의 공공 도서관은 1901년에 세워진 부산도서관이며, 국립중앙도서관은 1923년에 설립되었다. 도서관 직원은 사무직원, 기술직원, 전문직원으로 구성되며, 전문직원을 사서라고 한다.

2. 도서관의 기능과 종류

도서관에서는 수많은 책을 계통과 내용에 따라 분류하여 일정한 번호를 매겨 보관한다. 책의 목차 및 내용을 데이터베이스화하여 정보를 제공하고 이용자들이 신속하고 편리하게 이용할 수 있도록 모든 정보 자료를 전산화한다. 또한 도서관 및 문헌 이용법 등을 지도하고 있으며, 독서 지도·컴퓨터 강좌 등의 문화 강좌를 열기도 한다.

△ 국립중앙도서관

설립 주체에 따라 국공립 도서관, 국회 도서관, 공공 도서관, 대학 도서관, 학교 도서관, 전문·특수 도서관으로 구분할 수 있다.

(1) 국립 도서관

국가 재정으로 운영되며, 나라에서 발행하는 모든 출판물을 수집·정리·보존하며, 전 세계 도서관과 정기적으로 간행물을 교환한다. 우리나라에는 서초동에 국립중앙도서관이 있다. 국립중앙도서관은 1945년 서울시 중구 소공동에서 개관하였다가 1974년 남산으로 이전하였다. 그리고 1988년에 현재의 위치로 확장 이전하였다. 2016년 2월 기준 국내 도서 725만여 권, 국외 도서 126만여 권, 고서 27만여 권, 비도서 159만여 권 등 총 1,039만여 권을 소장 중이다.

국립중앙도서관에서는 모든 사람에게 자료를 공개하며, 도서관 업무 전산화 프로그램을 보급하고, 국내 공공 도서관에 자료를 지원하는 기능을 수행하고 있다. 그 밖에 문화학교 및 전국 독서 교실을 운영하고, 사서직 전문 교육, 견학 및 실습 지도, 직원들의 해외 출장 및 연수를 수시로 실시하고 있다.

국립중앙도서관은 사서를 희망하는 학생들에게 '꿈의 직장'으로 불린다. 국내에서 출간되는 모든 도서와 간행물이 모이는 이 도서관에는 하루 500~800권의 신간이 들어온다. 도서관법에 따라 국내 출판되는 모든 도서가 두 권 이상씩 중앙도서관에 납본되기 때문이다. 하나는 소장하고 또 하나는 이용자들이 이용할 수 있도록 한다. 국립중앙도서관에서 한 해 수집되는 자료는 비도서를 포함해 무려 40만여 점에 달한다.

(2) 국회 도서관

서울 영등포구 여의도동 국회의사당 안에 있는 도서관이다. 국회의 입법 및 국정 심의 활동과 정부 · 대학 · 연구기관 및 일반 국민의 연구에 필요한 정보를 수집 · 정리 · 분석 · 관리하여 제공하고 있다. 국회 도서관이지만 국회 이외의 각 기관, 단체 또는 일반인에게도 정보나 자료를 제공하여 국가 도서관의 기능을 하고 있다.

(3) 공공 도서관

세금 등의 공적인 자원으로 설치된 도서관이다. 지역 사회 주민들이 쉽게 이용할 수 있는 곳으로, 아동 도서실 · 점자 도서실 등을 두고 지역 주민에게 봉사하고 있다. 또한 지역 사회에서 사회 교육 또는 평생 교육 기관의 역할을 하고 있다.

(4) 대학 도서관

대학의 교육 목적을 달성하는 데 필요한 자료를 수집하고 보존하여 교수와 학생의 연구와 교육 활동을 지원한다. 즉, 대학 교육의 목적인 인적 자원을 개발하는 데 필요한 교육과 연구 조사, 최신 정보 주지 기능 등을 가진다.

○ 경희대 도서관

(5) 학교 도서관

초, 중, 고등학교까지 모든 학교에 있는 도서관이다. 공부와 학습 활동에 필요한 자료를 수집, 보관하여 교사와 학생들이 편리하게 이용하도록 한다.

(6) 전문 · 특수 도서관

개인이나 협회, 기업, 정부 기관의 요구에 따라 필요한 정보를 수집해서 제공한다. 정부 도서관, 각 연구소의 도서관, 기업의 자료실, 신문사 조사부 등이 여기에 속한다.

전문 기관은 전문 분야에 한정된 주제의 정보 및 지식 자료를 수집, 조직, 축적하여 주제 사항에 관한 전문가에게 봉사하는 기관이므로, 전문 도서관은 전문 분야의 정보나 지식 자료를 취급하는 전문 정보 센터나 지식 센터의 기능을 수반한다. 특수 도서관은 특수한 환경에 처해 있는 독자를 대상으로 봉사하는 도서관으로, 공공 도서관의 기능을 가지고 있다.

3. 도서관의 조직과 현황

도서관의 조직은 업무에 따라 나뉘는데, 도서관 자료를 선택하고 구입, 기증, 교환, 납본 등을 통해 수집하는 수서 부문, 자료를 주제에 따라 분석하고 배열, 정리하는 부문, 이용자에게 자료를 배포 지원하고, 관외 대출, 도서관 상호대차, 복제 서비스 등을 포함하는 열람 부문이 있다. 또한 이용자의 문의에 응대하는 참고 분야, 각 부서와 연락, 홍보, 직원연수 등 관리 업무 등이 있다.

국내 도서관 현황(2016년 기준)

통계 분류(1)	통계분류(2)	2016			
		전체 (공공도서관)	지자체	교육청	사립
전국	도서관 수(관)	1,010	758	231	21
	총 연면적(천㎡)	2,583	1,845	716	21
	1관당 평균 연면적(㎡)	2,557	2,435	3,100	997
	총 좌석 수(석)	359,490	244,348	112,432	2,710
	1관당 평균 좌석수(석)	356	322	487	129
	총 결산 예산액(백만 원)	908,448	626,970	277,927	3,550
	1관당 결산 예산액(백만 원)	899	827	1,203	169
	직원 수(명)	15,192	10,584	4,507	101
	1관당 직원 수(명)	15	14	19.5	4.8
	사서자격증 보유자(명)	5,710	3,685	1,979	46
	직원 중 사서자격증 보유자 비율(%)	37.6	34.8	43.9	45.5
	1관당 평균 사서자격증 보유자(명)	5.7	4.9	8.6	2.2
	총 도서(인쇄) 수(권)	98,823,835	65,050,319	33,051,315	722,201
	총 비도서 수(점)	3,821,681	2,091,059	1,699,626	30,996
	총 연속간행물 수(종)	138,403	74,905	60,800	2,698
	총 전자자료 수(종)	14,537,798	12,301,932	2,232,400	3,466
	1관당 평균 도서(인쇄) 수(권)	97,845	85,818	143,079	34,391
	1관당 비도서 수(점)	3,784	2,759	7,358	1,476
	1관당 연속간행물 수(종)	137	99	263	128
	1관당 전자자료 수(종)	14,394	16,229	9,664	165
	총 방문자 수(명)	282,040,395	198,913,078	82,278,971	848,346
	1관당 방문자 수(명)	279,248	262,418	356,186	40,397
	연간 자료실 이용자 수(명)	195,051,951	143,901,988	50,717,488	432,475
	연간 대출 도서 수(권)	124,121,098	94,866,285	28,787,077	467,736
	자료 구입비(백만원)	88,441	645,970	23,487	357
	1관당 자료 구입비(백만원)	88	85	102	17

※출처: 문화체육관광부—전국 도서관통계

우리나라 공공 도서관은 2016년 기준 1,010개 관이다. 이는 2012년 이후 지속적으로 증가하고 있다. 또한 2016년 공공도서관 방문자는 27만 9,248명이다. 1관당 방문자 수가 2012년 이후 계속 감소하는 추세이다. 도서관 수는 증가하고 있지만, 방문자 수, 대출도서 수는 감소하고 있다. 2016년에 1관당 대출도서는 12만 2,752권이었다.

인당 대출 도서의 변화

	2012	2013	2014	2015	2016
1관당 대출 도서 수(A)	151,618	151,313	148,361	130,769	122,752
1관당 인구수(B)	61,532	59,123	55,191	52,688	51,184
인당 대출 도서 수(A)/(B)	2.46	2.55	2.68	2.48	2.39

02

도서관의 대표 직업 - 사서

1. 사서란?

사서를 '단순히 책을 좋아하는 사람', '도서관에 가면 책 대출과 반납을 해주는 사람'이라고 인식할 수 있다. 그러나 사서는 사람들이 도서관을 효율적으로 이용할 수 있도록 도와주는 사람이며, 사람들에게 필요한 정보와 자료를 편리하게 공급해주는 일을 한다. 즉, 도서관을 찾는 사람들에게 정보를 보다 빠르고 쉽게 제공하도록 노력한다.

도서 대출과 반납을 도와주는 일은 사서가 하는 많은 업무 중 하나이다. 도서관 운영에 필요한 전문적 지식과 자격을 갖춘 사람으로 도서관 경영과 관리, 예산, 홍보 등의 업무를 수행한다. 도서관의 모든 자료를 수집, 정리하여 사람들이 이용하기 쉽게 분류하고 배치하는 일을 한다. 그리고 원하는 자료를 쉽게 찾을 수 있도록 도와준다.

대형 도서관에서는 업무가 분업화되어 수행되고 있지만, 규모가 작은 도서관은 한두 명의 사서가 모든 업무를 수행하기도 한다. 학교 내 도서관에서 일하는 사서 교사는 학생들의 독서 지도, 문헌 분류, 시청각 자료의 제작 및 이용 지도, 학교 도서관 운용 등의 업무를 수행한다.

2. 사서가 하는 일

(1) 자료 수집과 보관

서적, 정기간행물, 시청각 자료 등을 수집하고 일정한 기준에 따라 분류, 정리, 보관하는 업무를 수행한다. 즉, 이용자가 필요로 하는 자료를 파악하여 수집한다. 그리고 장서를 개발하기 위해 이용자의 요구 파악, 이용 실태 파악, 장서 평가를 하고, 자료의 선정, 구입, 장서 관리 및 폐기 등의 업무를 담당한다.

(2) 구입 도서의 정리와 분류

구입한 도서에 등록번호를 부여하고 도서 원부를 정리한다. 자료의 내용, 주제에 따라 도서 자료를 분류하고 규정된 분류 체계에 따라 분류 번호와 표제를 결정하고 목록 카드를 작성한 후 책을 배열한다.

(3) 도서의 열람, 대출, 반납 업무

도서관 이용자들에게 자료 찾는 방법을 가르쳐주고 도서를 대출, 반납하는 일을 한다. 또한 상호대차 대출 및 도서관 정보도 알려준다. 이용자의 자료 조사를 도와주는 참고 봉사 업무도 한다.

(4) 도서관 행정 업무

　도서관의 경영, 조직, 인사, 예산 및 건물과 시설 등을 관리하는 업무도 한다. 각종 문화 활동을 실시하거나 독서 지도, 지역 문고 지원, 순회 문고나 이동 도서관을 운영하기도 한다.

3. 사서가 되는 방법

　사서가 되기 위해서는 전문대학, 대학에서 문헌정보학을 이수하거나 사서교육원 등에서 관련 교육을 이수하고 사서 자격증을 취득해야 한다. 졸업한 후에는 정사서 또는 준사서의 자격을 갖추어야 하는데, 종류에는 1급 정사서, 2급 정사서, 준사서가 있다.

　1급 정사서는 문헌정보학 또는 도서관학 박사학위 소지자, 2급 정사서로서 다른 전공의 박사학위 정보처리기술사 자격 소지자 또는 도서관이나 연구 근무 경력이 6년 이상으로 석사학위 소지자가 될 수 있다.

2급 정사서는 대학에서 문헌정보학 또는 도서관학 졸업자, 석사학위 소지자, 그 외 전공의 석사학위를 받고 소정의 교육 과정을 이수한 자가 될 수 있다. 준사서는 전문대학 도서관과 졸업자, 그 외 소정의 교육 과정 이수자, 대졸자로서 관련 학과를 부전공한 자가 될 수 있다.

　그 밖에 일부 대학에서 운영하는 사서교육원을 통해 1년의 교육 과정을 이수하고 사서 자격을 취득하는 방법이 있으며, 사서교육원은 전문대졸 이상의 학력을 갖추어야 입학할 수 있다. 사서 교사가 되려면 문헌정보 관련 학과에서 재학 중 추가로 교직 과목을 이수해야 한다.

　국립중앙도서관을 비롯해 국회 도서관, 공공 도서관, 대학과 학교의 도서관, 전문 특수 도서관 등에서 근무한다. 또한 언론 기관, 금융 기관, 의료 기관, 기업체, 연구소 등의 자료실에서도 근무하기도 한다.

　공공 도서관 사서는 지방 공무원과 비슷하다. 각 시·도 도서관에서 사서로 근무하기 위해서는 사서직 공무원 시험에 합격해야 한다. 사서직 공무원은 7급과 9급 시험으로 나뉜다. 사서 자격증을 가졌지만, 일반행정직을 통해 공공 도서관에서 업무를 수행할 수 있다.

5급	6급	7급	8급	9급
사서 사무관	사서 주사	사서 주사보	사서 서기	사서서기보

(1) 국립중앙도서관

공개 또는 특별채용으로 사서를 모집한다. 최근 국립중앙도서관 정규직 사서 공개 채용은 점점 늘어나는 추세이다. 시험은 공공 도서관과 마찬가지로 필기와 면접의 형태로 이루어지며, 국립중앙도서관은 '공무원 임용시험령'에 따라 채용을 진행한다.

(2) 국회 도서관

국회 사무처에서 격년 단위로 채용 규모를 확정한 뒤 채용한다. 홀수 해에는 5급, 짝수 해에는 7급, 9급을 채용하는 것이 일반적이며, 국회 공무원 임용 시험 규정에 따른다.

(3) 대학 도서관

공개, 특별, 추천 채용으로 이루어진다. 국립 대학은 교육부나 노동부, 공립 대학은 시 · 도의 감독 하에 채용하며, 사립 대학은 보통 대학의 재단에서 행정직원으로 채용한다. 채용 방법은 대학에 따라 다르며, 일반적으로 1~2명 이내의 사서가 정규적으로 채용되는 만큼 경쟁률도 치열하다.

오늘날에는 이용자의 지식 수준, 정보 이용, 접근 능력이 높아짐에 따라 사서의 전문화된 능력이 더욱 요구되고 있다. 영어는 기본이고 중국어, 일본어 등 제2 외국어 실력을 갖추는 것이 필수 요건으로 자리 잡고 있다. 고서를 다룰 때 한자를 잘 알고 있어야 하며, 대부분 컴퓨터를 통해 업무를 수행하는 만큼 이에 대한 능력도 요구된다. 기본적으로 책을 좋아하는 것은 물론이고, 사람들과의 의사소통 능력과 끊임없는 지적 호기심을 가져야 한다.

4. 사서의 직업적 전망

우리나라 공공도서관은 크게 정규직과 비정규직, 그리고 지원인력으로 나뉜다. 정규직은 3,673명의 사서직과 1,644명의 행정직, 203명의 전산직, 2,110명의 기타 인원으로 구성되며, 비정규직은 941명의 사서자격증소지자와 4,490명의 기타 인원으로 구성된다. 합하면 우리나라 공공도서관의 구성원은 총 1만 3,061명이다.

이중 공공도서관의 사서는 정규직 3,673명, 비정규직 941명으로 전체 4,614명이다. 2008년의 3,490명과 비교하면 약 32% 증가했다.

도서관 사서 1인당 봉사 대상 인구가 12,153명이다. 국제도서관연맹(IFLA) 기준은 사서 1인당 봉사 대상 인구가 4,200명이다. 우리나라가 3배 가까이 많다.

대학 도서관에서는 도서관 및 독서진흥법에 따라 대학의 학생이 1,000명 이하인 경우에는 사서 직원 4명을 두되, 학생이 1,000명 이상이면 그 초과하는 학생 1,000명마다 사서 직원 1명을 더 두며, 장서가 2만 권 이상이면 그 초과하는 2만 권마다 사서 직원 1명을 더 두도록 하고 있다.

앞으로 정보화 사회를 맞아 도서관 이용자가 더욱 늘어날 것이다. 정부도 지속적으로 공공 도서관을 확충하고, 사서직 전문 인력의 충원과 도서관 협력 시스템 구축 등 공공 도서관 지원 정책을 추진하고 있다. 따라서 당분간은 사서의 수요가 늘어날 전망이다. 또한 독서 교육의 중요성이 커지고 있어 사서 교사도 더 필요해질 전망이다.

그러나 현실은 전국 학교 도서관 중 6.5%만이 사서 교사를 두고 있는 등 학교 도서관의 사서 확보율이 저조한 상황이다. 사서의 일자리는 도서관으로 한정되어 있고, 자료 검색·열람 등이 전산화되면서 사서 고용의 양적 확대에는 한계가 있다. 또한 경기 악화로 전문 도서관에서는 사서의 고용을 최소화할 것으로 보여 사서의 고용에 부정적이다.

이 직업을 가진
사람에게 듣는다

Interview

사서

이화용

Q 사서의 주요 업무는 무엇인가요?

사서는 도서관을 찾아오는 이용자의 편의를 위해 다양한 정보를 수집, 정리, 분류하는 일을 합니다. '수집' 업무는 사서의 가장 전통적인 업무이자 핵심 업무로서 도서관에 필요한 적절한 책을 선정·수집해서 구입합니다. 그리고 책을 분류하여 청구기호를 붙이고 정리 작업을 하여 데이터베이스화합니다. 데이터베이스화해놓으면 책을 쉽게 검색하고 찾을 수 있어 편리하게 이용할 수 있습니다.

Q 지역 특성은 예를 들면 어떤 게 있을까요?

제가 일하고 있는 서울의 정독도서관의 경우 교육청 산하 기관이기 때문에 청소년과 관련된 자료를 많이 수집합니다. 시립 도서관 중에 청소년관이 있는 곳은 정독도서관밖에 없기 때문에 청소년 자료가 많아요. 서대문도서관은 서대문형무소도 근처에 있고 역사적인 것들이 있어서 역사 자료, 특히 일제강점기 역사 자료가 많은 도서관입니다. 또 종로도서관은 노인 인구가 많은 종로구의 특성상 노인 관련 자료를 많이 수집합니다. 이렇게 지역이나 이용자 특성에 따라 자료를 수집하기도 합니다.

Q 도서관에서 책을 수집하는 기준은 무엇인가요?

도서관마다 연초에 자료 수집 계획을 세우는데, 그 전에 지역 분석부터 들어갑니다. 1년간 우리 도서관을 이용한 이용자가 어떤 사람들이고, 주로 어떤 책을 많이 찾는지 파악하고, 또 이용자에게 설문 조사도 실시하죠. 이렇게 모은 통계 자료를 통해 어떤 자료들이 필요한지 파악합니다. 즉, 책 수집에 지역의 특성이 많이 반영되기도 합니다.

Q 사서의 또 다른 역할에는 무엇이 있나요?

예전에는 도서관이 단순히 책이나 자료가 필요해서 오는 곳이었지만, 요즘은 여가와 문화 생활을 즐기기 위해 찾는 분들도 많아요. 따라서 도서관을 찾아오는 이용자가 즐길 수 있는 문화 사업, 책과 연관된 프로그램을 다양하게 기획하는 것도 사서의 역할입니다. 도서관이 지역 사회를 위한 일종의 문화 사랑방 역할을 한다고나 할까요? 그 밖에 독서 치료와 독서 교육 같은 프로그램도 운영하고 있는데, 이 같은 프로그램 기획 역시 지역 사회의 특징을 분석해서 이루어지고 있습니다.

사서가 되고 싶다면 무엇보다 먼저 **책을 사랑하고** 가까이해야 돼요. **끊임없이 책을 통해서 연구하고 고민**을 해야 하는 직업이지요.

Q 사서의 일과는 어떻게 되나요?

사서의 일과는 자료실에서 시작됩니다. 아침에 출근하면 먼저 반납 처리를 시작해요. 도서관 자료실은 밤 10시까지 운영되고, 10시 이후에는 반납함에 넣게 되어 있어요. 전날 밤 10시 이후부터 아침 9시 이전까지 반납함에 넣어진 책들은 출근하자마자 꺼내서 반납 처리를 합니다.

또 서가에서 책이나 자료가 청구기호 순서대로 꽂혀 있는지 확인하는 일도 합니다. 도서관에는 굉장히 많은 책이 있으므로, 잘못 꽂혀 있으면 자칫 사장될 수 있거든요. 이용자들이 그 자리에 가서 책을 찾는데 없으면 이제 그 책은 '없다'라고 생각할 수 있기 때문에, 책이 제자리에 꽂혀 있는지 확인하고 정리하는 작업도 굉장히 중요합니다.

그리고 요즘은 '책바다'라는 프로그램을 운영하고 있는데 그 관리도 함께하고 있습니다. 예를 들면 서울에 어느 지역 도서관에만 있는 책이 있어요. 그런데 지방에 사시는 분이 그 책을 빌리고 싶어해요. 그럴 때 책바다 프로그램에 신청하시면 저희 사서들이 빌리는 분이 원하는 도서관으로 책을 보내드립니다. 따라서 신청하는 사람이 있는지 수시로 홈페이지를 확인합니다.

Q 사서가 되기로 마음먹은 때는 언제인가요?

저는 중고등학교 시절 내성적인 편이었어요. 그리고 책을 좋아해서 도서관에 가서 빌리곤 했는데 그때 도서관 사서 선생님이 굉장히 친절하셨어요. 좋은 책이 있으면 추천도 해주시고 늘 상냥하게 대해주셨지요. 그 선생님을 보면서 '아, 나도 저렇게 되고 싶다'라는 생각을 했고 자연스럽게 대학에서 문헌정보학을 전공하게 됐습니다.

Q 사서라는 직업에 보람을 느낄 때는 언제인가요?

작년에 제가 종로도서관에서 근무할 때였어요. 종로도서관 역사는 100여 년 되어서 조선 후기 자료를 비롯해 일제강점기 자료도 많이 소장하고 있어요. 어느 날 캐나다에서 살고 계신 분에게 연락이 왔어요. 일제강점기 때의 어떤 자료를 꼭 보고 싶은데 어떻게 해야 하는지 문의하시더라고요. 그때 마침 저희 종로도서관에서 그 자료들을 데이터베이스화 완료해서 홈페이지에 구축한 상태였거든요. 그래서 보실 수 있도록 안내를 해드렸지요.

또 지방에 사시는 어떤 한 분은 옛 조선총독부에서 만든 지도 자료를 꼭 찾아보고 싶은데 방법이 없어 서울로 와서 찾아보려고까지 하시더라고요. 이 자료 역시 데이터베이스화를 마친 상태여서 누구든 홈페이지에서 볼 수 있거든요. 그래서 이것 역시 안내를 해드렸더니 너무나 좋아하시더라고요.

열리기 때문에 주말 근무도 해야 할 때가 많아요. 지역에 따라서는 직장인을 대상으로 하는 문화 프로그램이 기획된 경우 저녁 늦게까지 이어지고, 어린이 대상일 경우에는 대상자들이 많이 참여할 수 있는 주말에 운영되기 때문에 주말까지 근무가 이어집니다.

Q 사람들이 쉬거나 한가할 때 오히려 더 바쁘겠군요.

제가 어린이도서관에서 근무할 때는 '책이랑 노는 토요일'이라는 테마로 일 년간 매주 토요일에 프로그램이 진행되었어요. 따라서 집안에 큰일이 있을 때를 제외하고는 토요일마다 출근했지요. 이처럼 사서는 항상 봉사하는 마음과 직업에 대한 애정이 있어야 계속할 수 있는 직업이라고 생각해요.

Q 사서는 책 관리뿐만 아니라 전반적인 책 내용도 알아야 하겠네요.

예, 세세하게 알고 있지는 못하더라도 어떤 자료에 어떤 내용이 있는지 정도는 알고 있어야 해요. 책 제목이 모든 것을 말해주지는 않거든요. 그래서 적어도 책의 주제가 무엇인지는 알고 있어야 해요.

Q 사서는 책을 많이 읽어야 하나요?

한 달 평균 열 권 이상은 읽어야 해요. 그렇게 읽어야지, 거기서 추천할 만한 책을 고를 수 있기 때문이지요. 매월 역사, 인문학, 철학, 과학 등 주제가 정해져 있는데 사서들이 책을 읽고 한 권씩 추천을 해요. 그런데 한 권을 선정하기 위해서는 열 권 정도를 읽어야 하지요. 또 토론용 도서도 계속 읽어야 하는데, 토론용 도서는 한 권을 다섯 번 이상 읽어야만 거기에서 논제를 뽑아서 토론할 수 있습니다. 그런데 업무 시간 중에는 대출 반납이나 프로그램 기획 등 고유 업무가 있으므로 책은 업무 시간 외, 출퇴근 시간이나 주말에 읽어야 합니다.

Q 사서가 되는 데 필요한 능력에는 무엇이 있을까요?

자료를 수집하고 정리하는 것이 사서의 전통적인 업무이기 때문에, 이를 위해서는 꼼꼼한 성격이 필요해요. 또한 이용자와 늘 대면하는 직업이기 때문에 다른 사람을 배려하고 돕고자 하는 마음이 필요하죠. 그리고 도서관을 이용하는 분들을 위한 문화 프로그램을 운영하기 때문에 다른 사람과 잘 소통하고 적극적인 성격도 필요하다고 봅니다.

사서가 되고 싶다면 무엇보다 먼저 책을 사랑하고 가까이해야 돼요. 끊임없이 책을 통해서 연구하고 고민을 해야 하는 직업이지요. 이 책이 어떤 사람에게 어떻게 영향을 끼칠 것인가를 항상 고민해서 선정하고, 책에서 논제를 뽑아서 독서회를 운영하기 때문에 책을 읽으면서 어떤 주제인지, 어떤 토론에 합당할지를 고민해야 해요. 그래서 그와 관련된 대학원을 다니는 사서 선생님도 많답니다.

또 주제 전문 사서가 있어요. 의학 전문 사서 등 특정 분야를 공부해서 전문 분야의 사서가 되기도 합니다. 그렇기 때문에 끊임없이 공부하려는 열의가 있어야 합니다.

Q 출퇴근 시간은 어떻게 되나요?

저희는 일반 직장인들과 달리 돌아가며 근무를 해요. 그리고 주말에도 도서관이

예술 작품으로 문화를 보급하는 미술관.
미술관에서는 역사 속에서 예술가들이
세상과 부대끼며 창의적인 작품을 선보
일 수 있도록 다양한 전시회를 기획하여
선보인다.

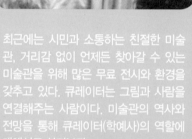

최근에는 시민과 소통하는 친절한 미술
관, 거리감 없이 언제든 찾아갈 수 있는
미술관을 위해 많은 무료 전시와 환경을
갖추고 있다. 큐레이터는 그림과 사람을
연결해주는 사람이다. 미술관의 역사와
전망을 통해 큐레이터(학예사)의 역할에
대해서도 살펴보자.

Art Museum

City

VIII

미술관과
큐레이터
(학예사)

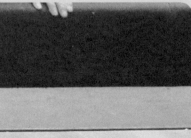

01
미술관 이야기

1. 미술관이란?

　　미술 박물관을 말하며, 그림과 조각품, 공예품 등의 미술 작품을 보관하고 전시하며 문화에 대해 교육하고 보급하는 시설이다. 미술관의 역할은 크게 두 가지이다. 우선 미술품을 수집하고 연구하여 작품이 지닌 미적인 가치를 찾아내고 손상되지 않도록 보관하는 것이다. 둘째, 미술 작품을 전시하여 관람객들이 작품의 아름다움을 감상하게 하는 것이다. 전시뿐만 아니라 미술 작품 감상법을 가르치고 다양한 체험 등 문화 · 교육 활동을 제공하면서 시민들과 호흡할 수 있는 복합 문화 공간으로 자리 잡고 있다.

　　미술관은 운영 주체에 따라 국립, 공립, 사립 미술관으로 구분한다. 즉, 국가가 설립 · 운영하는 국립 미술관, 지방자치단체가 설립 · 운영하는 공립 미술관, 법인, 단체 또는 개인이 설립 · 운영하는 사립 미술관이 있다.

전체			계
			227

유형		국립 미술관	3
		공립 미술관	56
		사립 미술관	153
		대학 미술관	15

전체			계
			227
지역		서울	41
		부산	6
		대구	4
		인천	4
		광주	9
		대전	5
		경기	51
		강원	11
		충북	8
		충남	9
		경북	11
		경남	9
		전북	15
		전남	27
		제주	17

※출처: 2017년 전국 미술관 운영현황 및 실태조사 결과 보고서

　　미술관은 미술품의 탈색이나 해충의 피해를 방지하기 위해 습도 조절과 같은 설비를 하여 작품 보존에 힘써야 한다. 감상을 위한 환경 조성에 힘쓰는데, 전시 벽면의 조명을 밝고 일정하게 유지하고 온도 조절, 환기 등을 하며, 실내에 화초를 배치하거나 음악을 곁들여 감상에 알맞은 분위기를 조성한다.

　　전시회에는 소장품(기증품도 포함)의 전시를 하는 상설전과 미술관의 독자적인 기획전(특별전)이 있으며, 전국을 순회하는 순회전, 다른 미술관과의 공동 주최전 등이 있다. 성공적인 전시를 위해 큐레이터의 의도와 안목을 효과적으로 드러낼 수 있도록 전시 디자이너 혹은 코디네이터(학예직), 출판 디자이너 등이 하나의 팀을 구성하여 작업한다.

2. 우리나라 미술관의 역사

우리나라 미술관의 시초는 1908년에 순종이 고려자기, 불교 공예품, 회화, 도자기 등을 수집하여 창경궁에 개관한 이왕가박물관이다. 그 후 일제강점기인 1929년에 서울 광화문 네거리에 조선미술관이 설립되었다.

○ 간송미술관

공공 시설로서의 최초 미술관은 1938년에 이왕가박물관 작품들을 옮겨 개관한 덕수궁미술관이다. 광복 후에는 소장품의 효율적 국가 관리를 이유로 국립중앙박물관에 흡수되면서 폐관되었다.

그다음 1969년에는 국립현대미술관이 경복궁의 미술 전시관(현 국립민속박물관)에서 창립되어, 1973년에 덕수궁 석조전으로 이전했다가 1986년에 과천 국립현대미술관 신축 건물로 다시 이전하였다. 현재 덕수궁미술관은 국립현대미술관의 분관으로 기능하고 있다.

지역의 시립 미술관으로는 1988년에 개관한 서울시립미술관과 1992년에 개관한 광주광역시립미술관 등을 비롯하여 대전, 부산, 창원, 서귀포 등에도 있다. 이 밖에 경기도의 경기도미술관, 보성군의 보성 군립 백민미술관, 서울시 송파구의 예송미술관 등 지방자치단체에서 운영하는 도립 · 군립 · 구립 미술관들이 있다. 대표적인 사립 미술관은 서울 성북구 성북동의 간송미술관으로, 국보 제70호인 '훈민정음'을 비롯한 풍부한 수집품을 소장하고 있다.

1980년대 이후 기업의 문화 재단이 설립한 미술관으로는 리움미술관(삼성), 선재미술관(대우), 아트센터 나비(SK), 한원미술관(한원), 성곡미술관(쌍용), 대림미술관(대림), 금호미술관(금호), 한미사진미술관(한미), 63스카이아트미술관(한화), 포스코미술관(포스코) 등이 있다.

○ 덕수궁미술관

그리고 작가나 유족이 만든 개인 미술관이나 특정 작가를 기념하여 만든 기념 미술관으로는 김종영미술관, 환기미술관(김환기), 당림미술관(당림 이종무), 이천 시립 월전미술관(월전 장우성), 대전광역시의 이응노미술관, 서귀포의 시립 이중섭미술관, 양구의 군립 박수근미술관 등이 서울과 전국의 연고지에 세워져 있다. 그 외 경기도 장흥의 토털 야외 미술관 등이 있다.

3. 현재와 미래의 미술관

오늘날 미국과 유럽의 미술관은 규모가 커지고 다양한 기능을 갖춘 복합 공간으로 나아가고 있다. 미술에 대한 일반 대중의 수준이 높아지고 있기 때문이며, 미술관 관람객층이 넓어졌기 때문이다.

오늘날의 미술관은 다양한 공간으로 조성되어 관람자가 생활 감각과 일치하는 다원적인 체험을 할 수 있다. 미술품의 수집과 전시 같은 전통적인 기능 외에 시민들이 문화를 향유하고 소양을 쌓을 수 있는 교육적 기능도 수행하는데, 오늘날에는 미술을 쉽게 즐길 수 있도록 시민들과 소통하며 친근한 미술관이 강조되고 있는 추세이다. 앞으로도 체험할 수 있는 복합 문화 공간으로 더욱 빠르게 바뀌어갈 전망이다.

미래에는 미술관에 직접 가지 않고도 작품을 즐길 수 있는 사이버 미술관이 생길 것이다. 과거의 미술관은 미술 작품의 진품성과 원본성의 체험을 강조해왔으나, 사이버 미술관은 이미지를 전시함으로써 물리적인 소유가 강조되지 않는 특징이 있다. 또한 디지털 공간의 이미지들은 복제가 쉽다. 디지털 사진은 복제물 간의 질적 차이가 없어 복제를 거듭해도 원본성을 상실하지 않는다. 디지털 이미지는 네트워크를 통해 접근하기 쉬워 예술 및 문화 지식을 누구나 접할 수 있게 된다. 사이버 미술관과 디지털 이미지는 기존의 미술관의 역할 및 기능을 확대하고, 문화를 더 많은 사람들이 향유할 수 있도록 도울 것이다.

이렇듯 미래의 미술관은 과거와 현재의 미술관이 여러 형태로 확대되고, 더욱 복합적인 문화 공간이자 문화 매체가 될 것이다.

02
미술관의 대표 직업 – 큐레이터(학예사)

1. 큐레이터란?

큐레이터(curator)는 미술관 또는 박물관에서 전시회를 기획하고, 작품을 수집 및 관리하는 사람을 말한다. 즉, 전시의 시작부터 마무리까지 모든 일을 관장하는 역할을 한다. 우리나라에서는 '학예사' 또는 '학예연구관'이라고도 부른다. 근무하는 장소에 따라 미술관 큐레이터, 박물관 큐레이터, 독립 큐레이터 등으로 구분한다.

예술 작품 전시 기획과 전시 주제, 미술관 공간, 작품 수 등을 고려하여 작품 진열 업무를 한다. 전시 의도를 관람자들에게 잘 전달할 수 있도록 기획하는 창의성과, 새로운 방법을 시도하려는 진취성이 필요하다.

그리고 작품이나 유물 등을 구입하고 관리하는 일을 한다. 작품의 진위를 판단하고 소장품을 보호해야 하므로 예술 작품과 유물에 관한 전문 지식을 갖추어야 한다. 다양한 작품을 수집하기 때문에 여러 문화권의 생활 양식, 언어, 예술 등에 관심을 가져야 하며, 예술과 탐구에 관심이 많고 꼼꼼한 성격이 적합하다.

큐레이터와 비슷해 보이는 직업으로 도슨트(docent)가 있는데, 큐레이터가 미술관과 박물관의 전반적인 업무를 담당하는 반면 도슨트는 관람객에게 전시 작품을 설명하며 이해를 돕는 일을 하는 안내자, 전시 해설자를 말한다.

2. 큐레이터가 하는 일

큐레이터는 미술관이 딱딱하고 지루할 거라는 편견을 깨기 위해 많은 노력을 하고 있다. 업무의 핵심은 전시회를 기획하고 개최하는 일이다. 외국에서는 큐레이터의 업무가 세분되어 있지만, 우리나라에서는 전시기획팀, 교육팀, 작품관리팀, 보존과학팀 등 팀 단위로 나뉘어 있다. 소규모 미술관이나 화랑에서 근무하는 큐레이터는 혼자서 전시 기획부터 섭외, 홍보, 작품 진열과 반출, 작품 판매, 고객 관리 등 전시 행정 전반을 담당하는 경우가 많다.

박물관 및 미술관 진흥법에서는 박물관과 미술관에 큐레이터를 둘 수 있도록 규정하고 있으며, 준학예사와 1급·2급·3급 정학예사로 구분하고 있다.

(1) 기획 및 연구 업무

전시를 기획하기 위해 철저한 사전 조사와 연구를 하는 준비 단계를 거친다. 외국 박물관이나 미술관에서 작품을 대여해 전시하기도 하는데, 이때에는 외국 담당자와 함께 전시 과정을 논의하고, 보험 및 운송 방식, 수익 배분을 정하고 계약을 진행해야 하므로 진행 과정이 더욱 복잡하다. 그리고 소장품과 관련된 학술적인 연구 업무를 수행한다. 소장품이나 자료에 대한 관람객의 이해를 돕기 위해 교육 프로그램을 개발하고 실행한다.

(2) 전시 업무

큐레이터는 여러 가지 업무에 쫓기지만 그중에 가장 많은 시간과 노력을 들이는 것이 전시회 준비이다.

전시는 미술관의 얼굴이며 가장 중요한 큐레이터의 업무이다. 전시 주제를 정하고 작가와 작품을 선정하고 섭외하며, 미술관의 공간과 작품 수량, 효과적 관람을 종합적으로 고려하여 작품을 진열하는 전 과정을 포함한다. 장소, 규모, 일정, 기간, 예산 등의 전반적인 사항을 고려한다.

인테리어 업체를 선정해 기획대로 전시 공간을 꾸미고, 작품 손상 여부를 파악하고 설치한다. 이후 도록 제작. 도슨트 교육, 개막 행사 등을 마무리하면 전시 준비가 완료된다. 전시를 진행하는 중에는 전시장 온도와 습도를 조절하고, 조명의 밝기까지 신경 써야 한다.

전시회 과정을 살펴보면 다음과 같다.

❶ 전시회의 개념 설정과 출품작 교섭: 전시회의 개념과 목적을 설정한다. 그다음 출품 작품을 조사하고, 유사한 전시회의 도록이나 서적, 화집과 각 미술관의 소장품 목록을 훑어본다. 이렇게 출품 작품이 정해지면 직접 출품 교섭에 들어간다.

❷ 작품 반입: 출품 교섭이 끝난 미술품들을 운송하여 미술관으로 들여온다. 작품의 포장이나 운송 등을 확인, 점검한다.

❸ 전시 배열: 큐레이터에게 전시는 연구 성과의 발표이며, 전시 배열은 그 연구 성과를 구체적으로 발표하는 과정이다. 제작 연대, 유파, 형상, 종류(그림이나 공예품) 등 전시 순서가 정해지면 작품을 놓을 위치가 정해진다. 설치 및 반납을 주로 맡는 핸들러와 함께 일한다.

❹ **표제와 해설**: 개최 취지, 섹션 개설, 각 작품의 해설 등은 작품을 보다 적극적으로 감상하고 이해하는 데 단서가 된다. 표제에는 작품 번호와 작가 이름, 작품명, 제작 연도 등을 기록한다.

❺ **환경 점검**: 작품의 색상과 형태를 있는 그대로 보여주기 위해 광선, 조명, 온도, 습도 등의 환경 요소를 조절한다. 전시 중에 작품이 손상되지 않도록 늘 방화와 방범에 주의해야 한다.

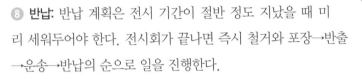

❻ **홍보**: 전시회 홍보 자료를 만들고, 홍보 마케터와 함께 홍보를 기획한다.

❼ **카탈로그 제작**: 연구의 성과물인 카탈로그는 전시회의 의의와 규모, 기간 등을 고려하여 가격과 제작 부수, 면수 등을 결정한다.

❽ **반납**: 반납 계획은 전시 기간이 절반 정도 지났을 때 미리 세워두어야 한다. 전시회가 끝나면 즉시 철거와 포장→반출→운송→반납의 순으로 일을 진행한다.

❾ **결과 연구**: 전시회 관람객을 분석하고, 전시회에 참여했던 팀들과 함께 전시의 장단점을 파악해 정리한다.

3. 큐레이터가 되는 방법

(1) 대학 및 대학원 진학

큐레이터가 되고 싶다면 대학에서 고고학, 고고미술학, 미학, 미술사학, 예술학, 민속학, 인류학 등 관련 전공을 이수하는 것이 유리하다. 그 밖에 예술기획 전공, 예술경영학, 박물관학 등에서도 큐레이터에 관련된 공부를 할 수 있다. 대학에 큐레이터학과가 생기고, 예술대학원이나 미술대학원에 예술기획 전공, 예술경영학과, 박물관학과, 미술관학과, 문화관리학과 등이 개설되는 등 전문적인 지식을 교육받을 수 있는 곳이 많아졌다.

박물관이나 미술관에서는 채용 시 관련 전공자로 응시자를 제한하는 경우도 있으며, 석사 이상의 학력을 요구하기도 한다. 실제로 대부분 석사 이상의 학력을 소지하고 있다.

(2) 학예사 자격증 취득

큐레이터와 관련된 자격증으로 학예사 자격증이 있는데, 준학예사 자격증과 1급~3급 정학예사 자격증이 있다. 학예사 자격증 시험은 고고학, 예술학, 미술사학 등 전시와 작품에 대한 과목은 물론 영어, 프랑스어, 독일어, 일본어 등 외국어 시험 과목도 있다. 학예사 자격증을 취득하면 국내에 있는 미술관과 박물관에서 큐레이터로 활동할 수 있다.

정학예사는 준학예사 자격 시험에 합격하고 경력 인정 대상 기관에서 소정의 실무 경력(학사 1년, 전문학사 3년, 기타 5년 이상)을 갖추어야 한다. 자격 시험은 공통 과목으로 박물관학과 외국어(영어, 불어, 독어, 일어 등 택일), 선택 과목으로 고고학, 미술사학, 예술학 및 보존과학 및 전시기획론 등에서 2과목을 선택하여 치른다. 자격 시험은 문화체육관광부가 주관하고 한국산업인력공단에서 시행한다.

3급 정학예사 자격증을 받으려면 박물관 또는 미술관 관련 분야의 박사 · 석사학위 취득자 또는 준학예사로서 소정의 경력(박사 1년, 석사 2년, 준학예사 4년)을 갖추어야 한다. 2급 정학예사 자격증은 3급 정학예사로서 5년 이상 활동해야 하고, 1급 정학예사 자격증은 2급 정학예사로서 경력 인정 대상 기관에서 경력 7년 이상의 자격을 갖추어야 한다. 난이도가 있는 편으로 낮은 합격률을 보인다.

자격증 응시율과 합격률

※통계자료(최근 5년)

구분		2012	2013	2014	2015	2016
1차	대상	1,102	1,285	1,122	1,122	1,282
	응시	644	797	702	774	705
	응시율(%)	58.4%	62.0%	62.6%	69.0%	55.0%
	합격	127	121	121	107	187
	합격률(%)	19.7%	15.2%	17.3%	13.8%	26.5%

4. 큐레이터의 직업적 전망

우아하고 여유로운 직업처럼 보이지만, 큐레이터는 야근이 비일비재하다. 전시회의 개막 날짜에 맞춰 기간 내 모든 준비를 마치기 위해서는 동시에 많은 일을 처리해야 하기 때문에 전시회 서너 달 전부터 정신없이 바쁘다.

대중의 관심을 파악해 쉽게 이해할 수 있는 전시회를 계속 기획해야하는 창의적인 업무이기 때문에 창작의 고통이 항상 있다. 이뿐 아니라 전시 중에는 관람객의 반응을 파악하고 전시회가 끝난 후에도 만족도를 파악해야 한다. 작가와 관람객 사이에서 의사

소통을 원활하게 해야 하며, 유물이나 작품을 직접 옮기고 인테리어 공사를 진행할 때에는 육체노동도 해야 한다.

큐레이터의 연봉은 대졸 기준 초봉이 2,500만 원~2,600만 원 선이다. 경력이 많다면 4,500만 원 정도이다. 경력이 늘어나면서 계속 상승하고, 관리하는 규모나 장소에 따라 변동이 있다.

앞으로 큐레이터의 고용은 다소 증가할 것으로 전망된다. 큐레이터가 근무할 수 있는 박물관이나 미술관의 수도 계속 증가하고 있다. 이는 선진국에 비해 부족한 우리나라의 문화 기반 시설을 늘리기 위해 정부가 지원한 결과로, 앞으로도 문화 기반 시설 확충을 지속적으로 추진할 것으로 보인다. 이를 반영하듯 김치박물관, 화폐박물관 등 사람들에게 흥미를 끌 수 있는 다양한 분야의 박물관도 지속적으로 등장하고 있다.

하지만 국공립 미술관이나 박물관을 제외하고는 대부분 1~2명의 소수 인력을 고용하고 있어 일자리가 양적으로 크게 증가하기는 어려울 것으로 보인다. 특히 우리나라 전체 미술관의 75%를 차지하는 사립 미술관의 경우, 대부분 정부의 지원 없이 운영됨에 따라 소규모 미술관은 운영난으로 폐업하는 곳도 있기 때문이다.

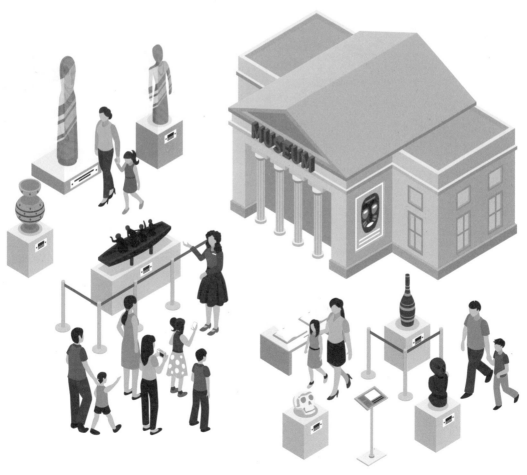

Interview

전시팀장

강재현

큐레이터는 어떤 일을 하나요?

먼저 미술관과 갤러리 및 화랑의 차이점을 알 필요가 있습니다. 갤러리와 화랑은 쉽게 말해 그림을 사고파는 곳입니다. 그리고 미술관은 비영리 공공기관으로, 미술품을 감상하는 곳입니다. 책에 비유하자면 한마디로 미술관은 도서관, 화랑과 갤러리는 서점에 비유할 수 있지요.

큐레이터란 미술관에서 전시나 프로젝트를 기획하고 작가와 작품을 연구하며, 소장품을 관리하고, 관람객을 위한 프로그램을 개발하는 등 미술관에서 일어나는 전반적인 일을 진행하는 사람입니다.

미술관의 업무는 전시를 기획하는 일 외에 작품 보존·수복을 담당하는 컨서베이터, 교육을 담당하는 에듀케이터, 자료를 관리하는 아카비스트, 전시 공간을 디자인하는 전시 디자이너 등으로 세분화되어 있습니다. 반면 갤러리와 화랑 같은 상업 공간에서는 갤러리스트 혹은 아트딜러, 디렉터 등의 직함으로 관련 업무를 하고 있지요.

미술관의 조건은 무엇인가요?

미술관이 되기 위해서는 컬렉션 수집품과 소장품을 갖춰야 해요. 100점 이상의 소장품을 가지고 있어야 미술관으로 등록할 수 있지요. 이러한 작품을 관리하고 연구하는 것이 큐레이터의 주요 업무 중 하나이기도 하고요.

큐레이터는 소장품으로 전시도 하고 프로그램을 기획하기도 합니다. 프로그램 기획은 특정 작가의 콘셉트나 작품의 의도 등을 알기 쉽게 풀어서 관람객의 이해를 돕는 등의 일입니다.

이렇듯 큐레이터는 미술관의 소장품에 관한 연구 및 미술 관련 공부를 끊임없이 해야 하고, 최근에는 전시 쪽으로 역할이 확장되어가고 있습니다.

큐레이터의 역할이 무척 다양하네요.

예, 사람들이 알고 있는 것보다 다양하지요. 제가 몸담은 미술관은 사립 미술관으로 큐레이터는 일인 다역을 하고 있습니다. 전시도 기획하지만 어떤 때는 교육적인 역할도 하고, 때로는 특정 관람객을 위한 프로그램도 만듭니다. 전시 홍보를 위한 인쇄물, 도록, 책 등을 만들기 위해 글을 쓰고 편집 작업도 합니다. 때에 따라서는 협찬, 후원, 펀드 같은 것도 조성하는 등 총괄적으로 진행합니다. 방송에 비유하면 프로듀서 같은 역할이고, 영화에 비유하면 감독의 역할입니다. 이처럼 큐레이터는 미술과 관련된 전반적인 것을 A부터 Z까지 도맡아 합니다.

예술의 생동감을 가지고 뭔가 재미있는 것을 만들어가고 싶은 **호기심, 열정** 이런 것이 있어야 **큐레이터**로서 적합하죠.

Q 그렇다면 큐레이터에 따라 미술관의 색깔이 달라지겠네요.

큐레이터의 성격에 따라 다를 수도 있고, 또 큐레이터가 속해 있는 미술관의 성격일 수도 있어요. 예를 들어 사진 전문 미술관이라면 사진에 더 초점을 맞추어 사진의 시대성이나 역사성을 중요시하겠죠.

제가 일하는 사비나미술관에서 가장 중요하게 생각하는 점은 융·복합입니다. 그리고 시대의 흐름을 미술로 어떻게 반영해서 보여줄 것인가 하는 것에 초점이 맞춰져 있어요. 그러니까 제가 늘 고민하는 부분은 미술과 다른 분야를 어떻게 결합할 수 있을까, 사회 구성원으로서 작가의 정치·경제·사회의 전반적인 고민, 시대의 고민을 어떻게 관람객들한테 잘 전달할 수 있을까 하는 점입니다. 다양한 예술가들의 이야기를 조화롭게 묶어 주제별로 보여주는 역할을 하죠.

Q 기억에 남는 전시는 무엇인가요?

2014년 초에 기획한 3D 프린팅 & 아트 전시입니다. 지금은 미술관이나 과학관에 가면 3D 프린터를 쉽게 접할 수 있어요. 하지만 당시에는 사람들이 3D 프린터 실체를 잘 몰랐어요. 방송에서만 간간이 소개되는 정도였죠.

Q 3D 프린터 전시회를 기획하게 된 계기는 무엇인가요?

당시 제가 느끼기에 3D 프린터는 시대성이기도 하고, 최첨단 과학이기도 하고 너무너무 신선한 소재로 다가왔어요. 3D 프린터를 작가한테 준다

면 무엇이든 다 만들 수 있을 텐데 하는 생각이 들었어요. 그래서 3D 프린터를 가지고 전시를 하겠다는 목표를 세우고 사방팔방 뛰어다녔습니다. 당시엔 유럽과 미국, 일본, 중국에서 3D 프린터가 막 활성화되기 시작할 때였고, 국내에서는 대기업들만 가지고 있었죠. 수소문 끝에 가까스로 3D 프린터를 빌려 작가들에게 나눠주고, 몇 개월 동안 작업하도록 했습니다. 과연 이 프린터로 어떤 새로운 작품이 탄생할지 저희는 물론이고 작가들 자신도 아주 궁금했어요.

그런데 너무 고생했어요. 그게 우리가 생각했던 것처럼 단추 누르면 나오는 게 아니고, 관련 프로그램을 굉장히 잘 알아야 가능한 거였어요. 그래서 프로그램을 익히기 위해 작가들이 고생도 많이 했지만 재밌게

했었던 것 같아요.

큐레이터가 보여주고자 하는 의도를 관람객에게 일방적으로 보여줄 수도 있지만, 작가와의 소통을 통해 의도하지 못한 전혀 새로운 것을 보여줄 수도 있습니다. 그런 뜻에서 3D 프린팅 & 아트 전시는 참 뜻깊은 전시였습니다. 관람객에게 새로운 창작 도구로서 3D 프린터를 만나게 하는 많은 의미를 가진 전시였습니다. 아마도 3D 프린팅을 주제로 미술관에서 개최된 세계 최초의 전시였을 거예요.

그 후 호주의 MAAS(응용미술 및 과학박물관)에서 우리 미술관의 전시를 보고 한국 작가 3명을 초청해 전시를 열었습니다. 이후로 3D 프린터로 작업을 하는 작가들도 생겨났고요. 예전에 없었던 새로운 시도를 하고 그것이 다른 사람들에게 영향을 주었다는 것 자체로 굉장히 뿌듯한 전시였습니다.

큐레이터에게 필요한 능력에는 무엇이 있을까요?

무엇보다 미술에 대한 애정과 열정이 있어야 합니다. 그리고 큐레이터란 작가와 관람객의 매개자라는 것을 항상 염두에 두고 있어야 합니다. 예술가는 자기 세계에 빠져 작품을 만들면 되지만, 큐레이터는 끊임없이 촉을 세워서 다양한 것들과 예술가를 어떻게 결합해 주제에 맞게 관람객들에게 드러낼 수 있을까를 고민해야 합니다.

이렇듯 전시나 프로젝트를 기획하기 위해서는 기본적으로 새로운 것에 대한 호기심이 많고 받아들일 줄 아는 자세가 필요해요. 저는 영화나 공연을 보더라도 제가 하는 일과 연결지어 보려고 노력합니다. 그래서 이 일은 좋아서 하지 않으면, 즐기지 않으면 지속해서 하기 어렵습니다.

또한 세상 돌아가는 전반적인 것들에 관한 관심과 이해가 있어야 시대상을 반영하는 작가들과 소통을 하고, 전시를 매개로 시대의 고민을 관객과 소통할 수 있습니다. 모든 분야를 전문적으로 알아야 하는 것은 아닙니다. 저 역시 제가 모르는 다른 분야의 전문 지식은 그 분야의 전문가에게 자문하고 작가와 연결하고 전시의 형태로 묶어냅니다. 요즘은 이메일 한 통으로 전 세계 어디든 소통이 가능하잖아요. 따라서 영어와 그 밖의 외국어를 잘한다면 더 폭넓은 기획을 할 수 있습니다.

일하면서 힘든 부분은 무엇인가요?

전시를 하나 열기 위해서는 하나부터 열까지 일일이 발로 뛰어다니며 준비해야 해요. 전시의 주제가 잡히면 작가를 선정해야 하는데 작가 선정이 앉아서 하는 게 아니잖아요? 일일이 만나야 하죠. 만일 열 명의 작가와 전시를 한다면 저는 30여 명의 작가를 만나야 해요. 그만큼 시간도 오래 걸리죠. 이러다 보니 보통 6개월~1년 정도의 전시 준비 과정이 필요해요. 작가를 만나 작업에 관해 논의한 다음부터 작가는 작품을 만들어 갑니다.

이렇게 준비된 작품이 전시 현장으로 오면 작품을 나르고, 디스플레이하고, 벽에 못 박는 위치를 잡는 것까지 큐레이터가 모두 관여해야 해요. 심지어 벽에 페인트칠까지 하는 경우도 있습니다.

이렇게 전시 준비가 끝나면 이제 홍보를 해야 합니다. 언론사 기자들 만나고 간담회를 진행하고, 오프닝 때 손님들 앞에서 브리핑도 해야 하고, 또 관람객이 전시를 더욱 잘 이해할 수 있게 도슨트(박물관이나 미술관 등에서 관람객들에게 전시물을 설명하는 안내인) 해설을 준비하고, 교육 프로그램도 만듭니다.

전시뿐만 아니라 관객들이 이해할 수 있도록 모든 준비를 하는 거네요.

그렇죠. 그 방법의 하나로 참여 작가들을 매주 한두 분씩 모셔서 아티스트 토크 시간을 갖고 관람객들에게 자신의 작품에 대한 설명을 한다든가, 전시 주제와 맞는다면 음악 하는 분을 모셔서 공연도 할 수 있고요. 그런 여러 가지 프로그램을 개발하죠.

큐레이터로서 일을 하려면 다방면의 지식을 섭렵하고 있어야겠네요.

오히려 그 반대라고 봐요. 큐레이터의 가장 필요한 능력 중 하나가 바로 잘 조합할 줄 아는

능력인 것 같아요. 만일 제가 과학과 관련된 전시를 한다면 과학에 대해 전문적으로 알 수가 없잖아요. 그럼 전문가를 찾아가요. 곤충에 관련된 작업을 하는 작가가 있으면 곤충을 전문적으로 하는 박사님들을 찾아가죠. 그분들한테 자문을 구하고 전시와 연결될 수 있게 기획하는 거죠.

큐레이터는 이렇게 조화로움으로 이끌 수 있는 안목을 가져야 한다고 생각해요. 이런 안목은 책만 많이 본다고 키워지는 건 아니고, 다양한 경험이 가장 큰 도움이 됩니다. 전시는 물론 영화, 공연, 건축물 등 시각적인 것을 많이 봐야 그만큼 자신의 기획이 좋다 나쁘다, 맞다 아니다를 판단할 수 있는 힘이 키워진다고 생각합니다.

큐레이터로서 보람을 느끼는 때는 언제인가요?

저의 업무 중 가장 신나는 부분은 작가를 만나는 거예요. 큐레이터가 되면 예술가의 작업실을 실컷 갈 수 있죠. 큐레이터는 작가가 어떤 작품을 만들지 고민하는 부분부터 창작한 작품을 제일 먼저 볼 수 있어요. 그뿐만 아니라 작가가 꿈꾸는 세계, 너무 말도 안 되는 세계가 시각적인 입체나 그림이나 설치물이나 소리로 표현되는 걸 보면 정말 기가 막히거든요. 사람들이 너무나 근사한 책을 읽을 때 '어떻게 이렇게 표현을 하지?'라고 감탄하는 것처럼, 그동안 내가 의식하지 못했던 다른 부분을 건드려줄 때 느끼는

기쁨이 가장 큽니다. 작가의 예술적인 부분을 제일 먼저 접하고 그들과 소통하며 이것을 어떻게 엮어서 우리 미술관에서 보여줄 것인가를 고민하는 일이 저에게는 매우 즐겁습니다.

큐레이터라는 직업을 처음 접한 것은 언제인가요?

저는 1996년에 대학을 졸업했어요. 그때만 해도 큐레이터에 대한 개념이 지금보다 훨씬 희박했죠. 국립현대미술관이 있었기 때문에 큐레이터(학예사)라는 직업에 대해 알고는 있었습니다. 저는 미술을 전공했는데 처음에는 작가가 되는 것이 꿈이었기 때문에 미대를 진학했죠. 그런데 저는 작품을 만드는 재주는 없더라고요. 작가로 산다는 건 누구나 할 수 있는 일은 아니라는 걸 알았어요. 그래도 예술과 관련된 일을 하며 살아가고 싶었어요. 그러다 졸업 후 1997년에 들어간 첫 직장이 대안 공간 같은 곳이었어요. 갤러리이긴 한데 갤러리나 미술관에서도 전시하기 쉽지 않은 젊은 작가들의 실험적인 작품을 보여주는 공간에서 일했는데 굉장히 신나더라고요. 그렇게 큐레이터의 길을 선택해서 지금까지 오게 되었습니다.

큐레이터가 되고 싶은 청소년들에게 한 말씀 부탁드립니다.

내성적이고 혼자서 책을 읽거나 그림 그리는 걸 좋아하는 친구들은 작가가 되거나 화가가 되는 편이 좋아요. 예술의 생동감을 가지고 뭔가 재미있는 것을 만들어가고 싶은 호기심, 열정 이런 것이 있어야 큐레이터로서 적합하죠. 그러기 위해서는 본인의 성향을 더 깊이 있게 알아볼 필요가 있어요.

큐레이터는 전시 기획뿐만 아니라 미술 교육을 기획하는 등 다방면으로 역할을 해내야 하기 때문에 사람과의 관계 맺기와 소통에 적극적인 성격이 어울립니다.

그리고 마지막으로 큐레이터라는 직업에 대한 우아한 환상을 버려야 합니다. 단순히 내가 작품을 잘 설명할 자신이 있다, 혹은 우아하게 그림만 보며 왔다 갔다 할 것이라는 환상은 반드시 버려야 합니다.

많은 공연을 볼 수 있는 공연장. 사람들이 다양한 문화를 즐길 수 있는 곳이다. 화려한 무대 뒤에서 무대를 완성하는 사람을 공연기획자라고 한다.

공연의 모든 부분을 책임지는 사람으로, 공연의 성공 여부는 공연기획자가 어떤 사람인가에 달려 있다고 해도 과언이 아니다. 우리나라 공연장의 현황과 공연기획자가 하는 일에 대해 알아보자.

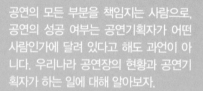

Performing Place

City

IX 공연장과 공연기획자

01
공연장 이야기

1. 공연장이란?

공연장은 음악, 연극, 무용을 발표하는 무대와 관중석을 갖춘 시설이다. 크게 실내와 야외 공연장으로 나뉜다. 우리나라에서 실내 공연장으로 손꼽히는 곳은 예술의전당, 세종문화회관, 국립극장 등이다.

야외 공연장으로는 여의도 한강 고수부지 등에 설치되어 있는 것처럼 큰 야외 무대를 설치하여놓고 필요한 때 사용하는 것도 있고, 그때마다 가설하는 임시 무대도 있다. 최근에는 안성시 죽산면에 야외 예술극장이 문을 열었고, 일산 백석동과 잠실 등 영화 상영을 주로 하는 야외 자동차 극장도 있다.

◆ 오페라 하우스

지금도 지방 중소 도시들에 실내·야외 공연장들이 곳곳마다 세워지고 있어 무대예술의 중흥을 맞고 있다. 또 지방자치제 시대를 맞아 서울시의 구마다 세워진 구민회관이나 해변이 공연장으로 많이 활용되고 있다.

유럽의 여러 나라에는 유서 깊고 전통을 자랑하는 극장이 많다. 그리스 극장, 프랑스의 베르사유 궁전 극장, 이탈리아 비첸차의 올림피코 극장, 밀라노에 있는 라스칼라 극장, 독일 바이로이트에 있는 리하르트 바그너 축제극장 등이 있다. 고대의 대표적인 야외 공연장으로는 로마의 원형극장으로 유명한 플라비우스 극장을 꼽을 수 있다.

2. 우리나라 공연장의 현황

과거에는 강당 수준인 시민회관, 일반 행사와 공연예술을 병행하는 다목적 극장인 문화예술회관이 있었고, 1990년대 중반 이후는 예술의전당 전관을 개관하면서 예술의전당 시대로 구분할 수 있다. 최근 건립되는 공연장은 지역명 뒤에 '예술의전당' 또는 '문화예술의전당', '아트센터'라는 명칭을 사용하고 있다.

2014년 기준 국내 공연시장 규모는 공연 시설과 단체 매출액을 합한 금액으로 7,593억 원으로 추정된다. 이는 2012년 국내 공연시장 규모 7,130억 원에 대비해 6.5% 증가했으나 성장률은 23.3% 둔화된 수치이다. 2015년에는 7,815억 원으로 추정되고, 전년 대비 2.9% 성장하였다. 그중 티켓 판매 수입이 3,633억 원으로, 우리나라 공연 산업은 티켓 판매 의존도가 높은 편이다.

이처럼 국내 공연시장은 공연 시설과 공연장 수가 늘어나고 공연 건수도 증가했으나 관람객 수는 감소하다가 2016년에는 3,800만 명(38,359,163)으로 전년보다 1.8% 증가하였다.

전국 1,034개 공연 시설이 보유한 공연장은 1,280개이며, 공연 시설의 평균 보유 공연장은 1.2개로 조사되었다. 이 중 1개 공연장을 보유하고 있는 시설은 842개로 전체의 81.4%, 2개 이상 공연장을 보유하고 있는 시설은 192개로 전체의 18.6%였다. 7개 권역별로는 2개 이상의 공연장을 보유하고 있는 비율이 수도권(서울, 경기, 인천) 지역이 24.4%로 높게 나타났으며, 제주 지역은 91.1%의 시설이 1개의 공연장을 보유하고 있다.

 전국 공연장 수와 종사자 수(2015년 기준)

구분		시설 수(개)	전체 인력 수(명)	평균 인력 수(명)
전체		1,034	12,669	12.3
지역2	서울	383	3,591	9.4
	경기/인천	164	3,806	23.2
	강원	42	231	5.5
	충청	87	903	10.4
	전라	105	1,056	10.1
	경상	217	2,754	12.7
	제주	26	328	9.1
지역3	특별/광역시	613	6,396	10.4
	광역도	421	6,273	14.9
지역4	수도권	547	7,372	13.5
	비수도권	487	5,297	10.9
시설 특성	중앙정부	9	851	94.6
	문예회관	232	4,772	29.6
	기타[공공]	241	2,310	9.6
	대학로	136	551	4.1
	민간[대학로 외]	416	4,185	10.1
운영 주체1	중앙정부	4	475	118.8
	광역자치단체	30	1,002	33.4
	기초자치단체	215	1,937	9.0
	공기업	73	1,076	14.7
	재단법인	111	2,899	26.1
	사단법인	51	509	10.0
	상법인	189	3,161	16.7
	교육기관	62	358	5.8
	개인	264	1,000	4.1
	기타	35	174	5.0

운영 주체2	공공	423	7,180	170
	민간	611	5,489	9.0

 공연 프로그램의 장르별 공연 실적(2015년 기준)

구분		공연장 (개)	공연 건수(건)		공연 일수(일)		공연 횟수(회)		관객 수(명)		유료 관객 비중(%)
			합계	평균	합계	평균	합계	평균	합계	평균	
전체		1,280	47,489	37.1	156,147	122.0	200,228	156.4	37,667,737	29,427.9	57.0
대장르	연극		14,423	11.3	104,941	82.0	142,577	111.4	22,073,595	17,245.0	61.5
	무용		2,988	2.3	4,983	3.9	5,882	4.6	1,551,095	1,211.8	49.2
	양악		19,144	15.0	22,877	17.9	24,596	19.2	7,754,885	6,050.5	49.2
	국악		3,437	2.7	4,651	3.6	5,161	4.0	1,130,056	882.9	36.5
	복합		7,497	5.9	18,696	14.5	22,032	17.2	5,158,106	4,029.8	56.6
세부 장르	연극		7,131	5.6	69,489	54.3	85,628	66.9	9,414,228	7,354.9	53.7
	뮤지컬		7,292	5.7	35,452	27.7	56,949	44.5	12,659,367	9,890.1	67.3
	무용		2,263	1.8	3,928	3.1	4,567	3.6	1,040,751	813.1	44.4
	발레		726	0.6	1,055	0.8	1,295	1.0	510,344	398.7	59.1
	양악		18,447	14.4	21,830	17.1	23,411	18.0	7,229,040	5,647.7	49.7
	오페라		697	0.5	1,047	0.8	1,186	0.9	525,846	410.8	42.8
	국악		3,437	2.7	4,651	3.6	5,161	4.0	1,130,056	882.9	35.5
	복합		7,497	5.9	18,696	14.6	22,032	17.2	5,158,106	4,029.5	56.6

02
공연장의 대표 직업
- 공연기획자

1. 공연기획자란?

공연기획자는 공연을 기획하고 운영하는 전문가이다. 공연시장 동향과 대중의 기호, 트렌드를 파악하여 뮤지컬, 오페라, 연극, 콘서트 등을 개발하고 선보인다. 하나의 작품을 올리기 위해 어떤 작품을 제작할지 사전 준비를 하며, 예산을 고려해 배우와 스태프를 선정하고 구체적으로 무대를 기획한다. 무대의 막이 오르면 홍보와 마케팅에 주력한다. 공연기획자는 공연을 이해하고 공연의 전천후를 책임지게 된다. 작품의 판권이나 공연권 구입, 일정 및 장소, 예산 책정, 배우 및 스태프 캐스팅, 제작 일정 관리, 홍보 및 마케팅, 티켓 판매, 관객 개발 등의 업무를 총괄한다. 연출, 무대, 음향, 조명, 의상, 세트, 분장, 소품 등 100여 명에 이르는 인원을 통솔하며, 공연의 A부터 Z까지 모든 것을 책임지는 사람이 공연기획자이다. 그렇기 때문에 공연기획사에 입사해 공연기획자가 되기까지 최소 7년이 걸린다.

2. 공연기획자가 하는 일

공연기획자는 계획자, 조직자, 흥행사, 매니저, 제작자, 보고자의 모든 역할을 수행해야 한다. 따라서 심미적 안목과 기획 아이디어, 경영 철학을 두루 갖추어야 한다. 또한 공연장 시스템을 이해하고, 각 스태프 역할에 대해서도 지식이 해박해야 한다. 출연진의 특성에 따라 연기와 노래에 대한 전반적인 지식도 갖춰야 한다. 이렇듯 공연의 성공 여부는 공연기획자가 어떤 사람인가에 달려 있다고 해도 과언이 아니다.

공연기획자는 책임감과 사명감이 중요한데, 공연을 무사히 마칠 수 있도록 무한 책임을 져야 하며, 이런 태도는 공연에 대한 사명감에서 비롯된다. 연습 과정과 제작 과정 등 공연의 전체 과정에 대해 봉사한다는 마인드로 리더십을 발휘할 때 공연물의 완성도가 높아질 수 있다.

(1) 공연기획

한 편의 공연을 올리기 위해서 가장 먼저 하는 일은 대중이 원하는 공연의 콘셉트를 기획하는 것이다. 공연 하나에 무수히 많은 인력과 자본이 들어가므로 실패의 가능성을 최대한 줄이는 것이 공연기획자의 중요한 능력이다.

공연기획서를 작성하는데, 행정, 경영, 마케팅, 연출, 운영, 진행, 예산 등 총괄적인 계획을 수립하고 모든 집행 과정을 제시해야 한다. 콘셉트 회의부터 캐스팅, 연습, 공연 음악 등에 관여하며, 기획부터 연습까지 길게는 2~3년, 짧게는 4~5개월이 소요된다.

(2) 스태프 구성

체계적인 스태프 구성도 공연기획자가 하는데, 효율적으로 각자의 역할을 충실히 수행할 수 있는 작업자를 구성한다. 제작 및 진행 스태프는 다음과 같다.

❶ 연출자: 대본을 실제 무대에 형상화하는 데 결정적인 역할을 하는 사람으로 공연기획자와 가장 관계가 깊다. 공연기획자는 연출자와 긴밀하게 상의하며 공연의 방향을 결정한다.

❷ 작가: 공연의 기획 작업에 참여해 구성 및 대본을 개발하는 역할을 한다. 장르에 맞게 아이템, 방향성, 플롯, 구성 요소, 표현 방법 등을 제시하고, 멘트, 대사, 내레이션 등을 작성한다.

❸ 무대장치가: 무대 디자인 단계에서 작품 전체가 의도하는 바와 공연 제작이 목적하는 바를 잘 나타낼 수 있도록 제작진과 협의해 디자인을 진행한다. 이때 조명, 음악, 음향, 영상, 특수효과 및 장치, 소품, 의상, 분장 등 각 담당자와 팀을 이루어 진행한다.

❹ 공연 진행 스태프와 관객 진행 스태프: 공연 진행 스태프는 무대장치 진행과 작동 부분, 출연자의 등장과 퇴장을 담당하고, 관객 진행 스태프는 입장권의 예약과 매표, 입구와 로비 관리, 관객 안내 등의 일을 한다.

(3) 출연자 선정

어떤 공연을 할지 결정됐다면, 이젠 출연자를 선정할 차례이다. 배역과 얼마나 잘 어울릴지 또는 다른 출연자들과 조화를 이룰지 등을 고려해야 한다.

(4) 공연 일시 · 공연장 · 공연료 결정 후, 공연 홍보

공연 일시, 장소, 공연료를 결정한다. 이를 위해 성공한 공연의 사례를 조사, 분석하는 작업이 필요하다. 특히 최근에는 홍보 마케팅 능력이 공연기획자에게 매우 중요하고 필수적인 조건이 되었다.

(5) 공연 제작

공연 제작 과정을 살펴보면 대본연습, 무대연습, 기술연습, 총연습, 리허설을 거쳐 공연에 이른다. 공연기획 단계에서 설정한 목표를 구체적으로 실현해나가는 단계이다.

이 모든 과정에서 작품이 기술적으로 형상화될 수 있는 방안을 고려해야 한다. 공연이 시작된 후에는 무대 뒤에서 스태프들과 요구 사항을 조율하는 역할을 한다.

(6) 공연 분석 및 결과 보고

공연 제작이 끝나면 분석과 결과 보고의 단계를 거친다. 이때는 공연 참가자들이 함께 토론회 또는 회의를 개최해 공연의 집계 결과, 공연과 관련된 종합적인 사항을 보고하고 다음 공연에 참고한다. 공연에 대한 효과와 효율성은 관객 수와 만족도, 공연기획의 평가, 공연 연출 및 진행의 완성도, 무대 설계와 구성 완성도, 기념품 판매, 홍보 등의 요소들로 나누어 분석한다.

3. 공연기획자가 되는 방법

공연기획자가 되기 위해서는 대학에서 공연제작 예술학부, 공연기획학과, 예술경영학과, 이벤트학과, 연극영화학과 등에서 공부하는 것이 유리하다. 방송아카데미나 학원에서 공연기획 교육을 받을 수도 있다. 하지만 공연기획사에서는 전공보다 공연 관련 동아리나 인턴 등 공연 관련 경험을 더 중요하게 본다. 수시 모집과 추천 채용이 많고, 입사 후에는 보조하는 막내 업무에서 시작해 전문가로 성장하는 것이 일반적이다. 최소 7년 정도 소요된다고 한다.

공연기획자가 되기 위해서는 참신한 기획을 위한 창의력이 중요하다. 또한 공연 산업이 글로벌화되고 있어 외국어 능력이 굉장히 중요하다. 공연을 보는 눈, 예술성과 대중성을 두루 이해하는 능력을 키우기 위해 다양한 문화예술에 대한 관심과 경험이 필요하다. 또한 투자금을 선정하고 투자자를 찾는 과정에서 경영 능력이 필요하다.

공연기획자는 100여 명의 스태프와 의사소통을 해야 하기 때문에 소통 능력이 좋고 사람을 만나는 일에 부담이 없어야 한다. 또한 많은 사람들과 작업하기 때문에 추진력과 리더십이 있어야 한다. 그 밖에 낙천적인 성격과 원활한 대인 관계 능력, 순발력, 상황 대처 능력이 필요하다. 밤늦게까지 일하고 남들이 쉴 때 일하는 직종이기 때문에 체력도 매우 중요하다. 하지만 가장 중요한 것은 공연을 사랑하는 마음일 것이다.

4. 공연기획자의 직업적 전망

공연기획자는 공연 일정이 정해지면 퇴근 시간이 언제가 될지 모를 정도로 업무 강도가 높은 편이다. 100명이 넘는 사람들과 조율해야 하는 일이 대부분이기 때문에 사람을 만나 대화를 나누는 것이 즐겁고 부담이 없는 사람이 적합하다.

향후 5년간은 공연기획자의 고용이 증가할 것으로 전망된다. 주 5일제로, 여가 생활의 중요성이 커지면서 콘서트나 뮤지컬, 연극 등 공연 문화 생활을 즐기는 사람들이 늘어나고 있기 때문이다. 공연 시설의 증가와 문화와 공연을 즐기는 사람의 증가는 공연기획자의 입지를 넓히는 데 기여했다. 다만 공연을 기획하는 문화산업 분야는 경기에 가장 민감하게 반응하므로, 경기 침체가 이어질 경우 일자리에 부정적인 영향을 미칠 수 있다.

Interview

공연기획자

김민

공연기획자는 어떤 일을 하나요?

공연기획자는 한 편의 공연이 만들어지고, 무대에 올라가 마칠 때까지의 모든 과정에 관여합니다. 한마디로 공연의 시작과 끝을 전부 다 한다고 보시면 돼요. 물론 연출과 지휘, 출연 등은 각각의 담당자가 하지만요. 다만 공연기획자마다 전문 분야가 다르기 때문에 공연에 따라 관여하는 비중에 차이가 있기는 합니다. 하지만 분명한 건 공연에 대해 전반적으로 알고 있어야 한다는 것입니다. 만일 클래식 공연을 한다면 클래식에 대한 이해가 많고 음향에 대한 식견이 높은 기획자가 참여하겠지요.

공연기획자는 예술가가 예술성을 높일 수 있도록 전면적으로 지원해줘야 하는 자리예요. 예술가를 도와서 좋은 작품을 만들게 하고, 관객이 공연을 보러 올 수 있도록 알리고, 예산을 끌어와서 공연에 필요한 전반을 지원하는 일을 합니다. 유능한 기획자란 예술에 대한 이해를 바탕으로 예술가와 출연자를 존중하며 실무를 해나가야 합니다.

한 편의 공연이 만들어지기까지 어떤 과정을 거치나요?

어떤 공연을 할지 정해지면 예산을 받기 위해 초기 기획 단계가 시작됩니다. 어떤 식으로 공연을 기획할지 문서 작성을 하는 것이지요. 제가 몸담고 있는 세종문화회관의 경우 연 단위로 공연 계획이 이루어지고 있습니다. 전년도에 이미 올해 무슨 공연을 몇 번 하겠다는 계획이 나오게 되는데, 거기에 맞는 프로그램은 단장이나 무용단 스태프들과의 회의를 통해 결정합니다.

이러한 논의를 거쳐 공연기획자가 기획서를 작성하여 통과 되면 예산이 확보됩니다. 그러면 예산에 맞추어 스태프를 구성하지요. 연출가, 안무가, 대본 작가, 출연진 섭외 과정에 들어가고, 섭외가 완료되면 주요 제작진과 예산 배분에 들어갑니다. 이렇게 예산 계획이 수립되면 그것에 대한 집행에 들어갑니다. 무대를 만들고, 음향 시설을 갖추고, 의상 제작도 합니다. 그리고 출연진, 임대, 제작 관련 업체들과 계약을 합니다. 계약서가 작성되면 반드시 중간마다 체크를 해야 합니다.

드디어 공연이 연습에 들어가면 연습 과정을 지켜보면서 점검하고, 연습이 끝나면 공연 홍보에 들어갑니다.

공연 작품 선정은 어떻게 이루어지나요?

그건 공연마다 다른데, 단체라면 단장이 어떤 공연을 하겠다고 제게 제시합니다. 독립기획사나 프리랜서 기획자는 기획자가 어떤 공연

> 공연에 대한 이해는 물론 예술 전반에 대한 이해와 인문학적 소양도 있어야 합니다. 따라서 폭넓은 분야를 알고 이해하는 것이 중요합니다.

을 하겠다고 제시합니다. 그리하여 여름방학에 학생들을 위해 쉬운 클래식 공연을 해보고 싶다거나 셰익스피어 작품을 리메이크해보고 싶다와 같은 계획을 하게 됩니다.

 한 편의 공연이 이루어지는 동안 공연기획자의 역할은 무엇인가요?

공연을 기획하는 건 공연기획자이지만 예술성에 관한 건 연출가, 안무가, 작곡가와 상의해서 결정합니다. 그걸 기반으로 보도자료를 작성하고 보도자료를 기반으로 광고도 하고 홍보도 하지요. 이런 일련의 작업을 거친 후에 입장권을 팔기 시작합니다. 어떤 공연은 홍보와 기획 파트를 나누는 경우도 있는데 일반적으로는 공연기획자가 모두 맡아서 진행합니다. 홍보 후에는 입장권 이벤트와 프로모션, 단체 관람을 위한 제안서를 만들어 담당자를 만나는 등 마케팅 관련 업무를 합니다.

이렇게 하여 입장권이 판매되면 무대에 공연이 올라갑니다. 공연은 무대에서 이뤄지지만, 로비에서 공연기획자도 바쁘게 움직입니다. 단체 입장권이나 프로그램 로비 업무를 하고, 리허설 중인 배우와 스태프의 식사도 챙깁니다.

공연이 끝나면 마무리 작업을 합니다. 공연기획사에서 진행한 공연이라면 회사에 보고하고, 프리랜서 공연기획자라면 예산을 받았기 때문에 관련된 예산을 정리해서 기관에 보고합니다. 배우들의 출연료는 공연이 끝나고 지급됩니다. 이러한 지출 정산 업무와 결과보고까지 하게 되면 공연기획자에게 비로소 하나의 공연이 마무리되는 것입니다. 이처럼 공연의 처음과 끝을 모두 담당하는 공연기획자는 한마디로 집안에서 엄마의 역할이라고 할 수 있습니다.

 준비 기간이 어느 정도 걸리나요?

세종문화회관의 경우 정기 공연에 걸리는 시간은 최소 6개월 정도입니다.

지금까지 했던 공연 중 가장 기억에 남는 작품은 무엇인가요?

2012년부터 3년 동안 공연했던 〈백조의 호수〉입니다. 이 공연은 중국 상하이에 초청되기도 했지요. 〈백조의 호수〉는 발레로 자주 공연되는 작품이지만 제가 기억에 남는 작품으로 꼽은 것은 기획의 묘미를 가장 잘 살렸기 때문입니다.

저희 무용단은 한국 무용을 하는 단체입니다. 그런데도 〈백조의 호수〉 공연을 했지요. 이 공연에서 무용수들은 발레리나처럼 토슈즈를 신지는 않았지만, 그 작품이 가지고 있는 내면과 표현 방식들을 한국 무용 방식으로 새롭게 풀었다는 데 의미가 있었지요.

평가는 극과 극이었습니다. 호평도 있었지만 '뭐 하는 짓이냐, 차라리 발레 보고 말지 왜 하느냐'라는 혹평도 있었지요. 그러나 저희는 3년 동안 무대에 올렸고 그 결과 상하이 아트페스티벌에 초청되는 쾌거까지도 있었죠. 그동안 한국 무용이라면 한국적인 소재와 한국적 춤을 가지고 무용극을 만들어야 한다고 생각해왔는데, 그 기획은 그야말로 신선한 시도였거든요. 그래서 가장 인상 깊어요.

〈백조의 호수〉 공연에 대한 부담도 있었을 텐데 계속 진행할 수 있었던 힘은 어디에 있었을까요?

이런 공연은 처음 하는 시도였기 때문에 입장권 판매에 대한 부담이 컸어요. 하지만 당시 예술단체는 신선

171

한 실험과 변화가 필요했을 때라고 봤어요. 단장님하고 머리 맞대고 내년도 공연 얘기를 하다가 누구도 시도해보지 못한 그런 공연을 해보자고 합의했고, 그렇게 해서 결정되었습니다.

처음부터 〈백조의 호수〉 얘기가 나온 건 아니었어요. 요즘 '원 소스 멀티 유즈'라는 말이 있듯이 익숙하고 편한 발레에서 시작해보자, 그렇다면 어떤 작품을 선정해서 뭘 할 수 있을까 의견을 나누었어요. 그때 단장님도 주목했던 것이 백조의 표현 방식, 특히 날갯짓이었습니다. 한국 무용에 학춤 등 날갯짓이 많이 나와서 거기에 대한 자신감이 있었던 것 같습니다.

가장 힘들었던 부분은 음악이었어요. 한국 음악과 서양 음악은 너무 다르기 때문에 한국 음악에 가장 최적화된 춤이 한국 무용이고 서양 음악에 최적화된 게 발레인데 같이 하려니 어려움이 컸죠. 그래서 오케스트라 연주로 가자, 오케스트라 연주로 가는데 그렇다면 국악기를 가지고 오케스트라 연주를 해보자, 섞어서 해보자 등등 지휘자들하고도 의견이 분분했죠. 차이콥스키의 음악 자체가 너무나 완벽해서 이 음악을 변형하고 싶지 않다, 그래도 메인은 한국 무용이니 표현 방식이 조금이라도 한국적으로 가야해서 편곡이나 변주 정도는 허용해야 한다는 의견을 나누었어요.

〈백조의 호수〉를 진행하면서 가장 의미 있었던 점은 무엇인가요?

이 작품은 저한테 굉장히 의미 있는 작품입니다. 사람들이 오페라나 발레는 입장권을 사서 보면서도 한국 무용이나 국악 공연들에 대해서는 굳이 공연장을 찾아가서 볼 필요가 있나 하는 인식이 있어요. 그런데 〈백조의 호수〉를 한국 무용으로 공연한다고 하니까 발레 〈백조의 호수〉에 대한 친숙함과 이것을 한국 무용으로 해석한다는 신선함으로 관심을 많이 가져주었어요. 그런 부분들이 인상 깊고 뿌듯했어요. 작품 배경도 러시아에서 고대 만주 지역으로 바꿨고, 등장인물의 이름도 다 한국식으로 바꾸었어요. 이렇게 하니 더 흥미를 끌었던 것 같아요. 물론 못마땅하게 생각하는 사람도 있었어요. 이름 바꾸고 배경 바꾸면 한국 것이 되느냐 하고요. 물론 그건 아니죠. 그러나 여

러 실험을 거쳐야 예술이 발전하는데 그런 점에서 의미가 있다고 봅니다.

공연기획자로서 갖춰야 할 능력은 무엇인지 말씀해주세요.

공연을 기획하는 데 가장 중요한 건 창의적 마인드입니다. 창의적인 마인드를 지녀야 독특하고도 예술성 있는 작품을 만들 수 있지요. 계속 똑같은 작업을 하다 보면 매너리즘에 빠져 창의성이 결여되기도 해요. 일반적으로 공연이 실패하면 기획이 잘못되었다고 평가하는데 그건 결국 창의적인 것과 관련이 있어요.

그렇다고 너무 앞서 나가거나 다른 방향으로 가버리면 대중성이 떨어져 자아실현만 하고 끝나버리는 경우도 있지요. 대중성과 예술성을 동시에 갖는다는 건 항상 어려운데 그걸 적절하게 잘 만들어내는 것이 공연기획자의 능력이겠지요.

또한 자기가 하려는 공연 장르에 대한 이해가 있어야 해요. 예를 들어 연극이나 무용을 하는데 그 장르에 대한 이해가 없는 상태에서도 공연을 기획하고 준비할 수는 있어요. 예산 짜고 홍보하고 프로세스대로만 한다면 공연은 진행되겠죠. 그러나 절대 좋은 기획은 나올 수 없어요. 장르적 특성을 잘 이해해야만 관객들에게 이 공연을 통해 어떤 메시지를 전달할 것이고 어떻게 어필해서 홍보를 더 잘할 수 있는지 알 수 있거든요.

공연은 누구나 만들 수 있지만 그것을 기획했다고 말할 수는 없어요. '만들다'와 '기획하다'에는 분명 차이가 있습니다.

또한 공연기획자는 기획서나 보도자료를 많이 쓰기 때문에 어휘력이 중요하고, 우리 공연을 외국 시장에서도 선보여야 하기 때문에 영어 능력도 필요합니다. 전문 계약을 할 때는 전문가에게 맡기기도 하지만 기본적 소통은 대부분 영어로 이루어집니다.

공연기획자가 된 계기는 무엇인가요?

저는 대학에서 발레를 전공했어요. 졸업 후에는 발레단에서 발레리노로 활동했죠.

발레는 한국무용과는 달리 수명이 굉장히 짧아요. 30대 중반이면 대개 은퇴해야 하는 상황이에요. 그래서 20대 후반쯤에 저의 미래에 대해 많이 고민했어요. 발레를 그만하게 되더라도 계속 예술 무대 주변에 있고 싶다는 생각을 했고, 발레의 대중화를 위해 뭘 할 수 있을까를 고민했어요. 예술 무대와 관련된 직업 중에 공연기획자, 안무가, 무대감독, 분장, 조명감독 등에 대해 알아보았고, 결국 공연기획자가 되고 싶다는 결정을 했어요.

그래서 2003년도 발레단을 나오면서 예술경영대학원에 진학했어요. 그리고 졸업 후 대학로에서 인턴 과정을 통해 연극과 같은 다양한 장르들을 경험하면서 공연기획자가 무엇을 해야 하는 직업인지 구체적으로 알게 되었죠.

졸업 전까지만 하더라도 발레만을 고집했어요. 그래서 처음부터 무용 기획으로 맞춰놓고 시작했죠. 무용기획사도 무용 파트가 있고 지하철 예술 무대라고 하는 파트가 있어요. 이렇게 일하다가 한예종(한국예술종합학교)에 입학했어요. 한예종은 예술학교이다 보니 연극원이 있거든요. 연극원별로도 공연기획 직원 파트가 있어요. 본부에 6개월 총괄하는 기획 파트가 있는데 계약직으로 들어갔죠.

운이 참 좋았던 게, 거길 들어가면서 제가 붙잡고 있었던 고집, 발레 공연기획만 하겠다는 생각이 얼마나 무지했나를 깨닫게 되었어요. 거기서 여러 가지 장르를 만났어요. 연극도 만나고 음악도 만나고 미술까지 만나다 보니 이렇게 넓고 할 일이 많은데 내가 얼마나 좁게 생각했었나를 깨달았지요. 그렇게 다양한 경력을 쌓다가 지금 이곳에서 일하게 되었습니다.

공연기획을 하는 데 무대에 서보셨던 점이 도움이 되었나요?

공연기획자는 크게 두 부류로 나눌 수 있어요. 경영학이나 신문방송학을 전공한 후에 공연기획자가 되는 경우와, 저처럼 무대 위에서 공연을 하다가 된 경우가 그것이지요. 저처럼 무대에서 공연하다가 기획자가 되면 공연에 대한 이해도가 굉장히 높고 배우나 연출가가 뭘 원하는지 잘 알아요. 반면 서류 작업을 한다거나 제안서를 만든다거나 마케팅 스킬 같은 건 부족할 수 있습니다. 반면 경영학과나 신방과 혹은 마케팅 관련 공부를 한 기획자는 서류 작업 같은 건 굉장히 잘하죠. 그러나 공연에 대한 이해가 아무래도 낮기 때문에 처음 세운 기획대로 밀어붙이는 경향이 높아요. 그러다 보면 마찰이 생기기도 합니다. 장단점이 있다고 봅니다.

공연기획자를 꿈꾸는 청소년들에게 해주고 싶은 말씀은 무엇인가요?

공연기획 파트를 보면 20대 여성이 굉장히 많아요. 20대 여성들이 문화예술을 가장 많이 선호하고 구매하는 층이거든요. 그리고 뮤지컬 기획을 하면 자신이 좋아하는 배우들을 가까이서 만날 수 있을 거라는 환상을 갖게 됩니다.

그러나 공연기획자는 흔히 말하는 3D 직종에 속한다고 할 수 있어요. 우선 육체적으로 많이 힘들어요. 기획서와 계약서 같은 각종 서류 작업을 해야 하고 짐도 날라야 해요. 때로는 집에도 못 가고 늦게까지 스태프들을 챙기지요. 그러다 보니 견디지 못하고 중도에 포기하는 경우가 많아요. 일에 대한 이해와 준비 없이 시작하면 금방 지칠 수밖에 없는 직업이죠.

좋아하는 것과 이해하는 건 다르다고 봅니다. 예술 전반에 대한 이해는 물론 공연에 대한 이해도 가져야 합니다. 거기다 인문학 관련 책을 통해 소양도 넓혀야 하고요. 공연에 올리는 작품을 보면 결국 인문학이나 소설, 희곡, 철학, 역사에서 비롯된 것들이 대부분이잖아요. 따라서 폭넓은 분야를 알고 이해하는 것이 중요해요.

이 일을 계속할 수 있는 힘은 무엇이라고 생각하나요?

힘들기도 하지만 이 일에 대한 애정이 있어서 계속할 수 있다고 생각해요. 작품이 무대에 올라갈 때 관객이 많다면 그것으로 좋고, 관객이 없다면 다음에 더 좋은 작품을 기획하겠다는 각오의 계기가 됩니다.

173

우편물과 택배 배송부터 예금, 보험 업무
등 다양한 업무를 하는 우체국.

우체국 대표 직업인 집배원은 추억 속의
인물이면서 현재까지도 배달 업무에 힘
쓰는 사람이다. 우체국에서 하는 일부터
집배원 직업의 모든 것을 알아보자.

Post Office

City

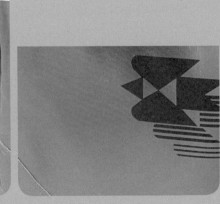

X 우체국과
집배원

C i t y

01
우체국 이야기

1. 우체국이란?

우체국은 편지나 소포 같은 우편물을 국내외로 전해 주는 일을 하는 공공기관이다. 우체국의 정식 명칭은 '우정사업본부'이다. 우정사업본부는 우편, 우체국예금, 우체국보험 등 우체국 서비스를 총괄하는 정부 기관이다. 전국의 시, 군, 읍면동 단위까지 분포되어 있어 편리하게 이용할 수 있다. 은행처럼 예금 및 대출, 송금, 보험, 신용카드, 세금과 공과금 수납을 취급하는 업무를 하고 있다. 첨단 통신 시설이 대중화되면서 우편 업무는 줄어들고 택배와 금융 업무의 비중이 날로 커지고 있다.

일반 우체국과 별정 우체국으로 구분되는데, 일반 우체국은 국가가 설치·운영하고, 별정 우체국은 개인 부담으로 청사와 기타 시설을 갖추고 미래창조과학부 장관의 지정을 받아 국가의 위임하에 체신 업무를 수행한다.

우정사업본부 우체국 창구망 설치 현황

구분	4급국	5급국	6급국	7급국	출장소	별정국	취급국	계
개소	138	180	1,520	22	103	750	811	3,524

〈개정 2015. 11. 기준〉

 우정직 공무원 현황

우정사업본부와 그 소속 기관 공무원 정원표	
총계	30,246
1. 공무원 계(시간선택제 채용 공무원은 제외)	30,237
고위 공무원단에 속하는 임기제(우정사업본부장)	1
고위 공무원단	14
부이사관 · 서기관 또는 기술서기관	13
서기관	102
서기관 또는 기술서기관	52
서기관 또는 행정사무관	44
서기관 · 기술서기관 · 행정사무관 · 공업사무관 · 시설사무관 · 전산사무관 또는 송통신사무관	7
행정사무관 · 공업사무관 · 시설사무관 · 전산사무관 · 방송통신사무관 또는 식품위생사무관	653
행정주사 · 공업주사 · 시설주사 · 전산주사 · 방송통신주사 · 사서주사 · 식품위생주사 또는 간호주사	3,262
행정주사보 · 공업주사보 · 시설주사보 · 전산주사보 · 방송통신주사보 또는 식품위생주사보	2,155
행정서기 · 공업서기 · 시설서기 · 전산서기 · 방송통신서기 또는 식품위생서기	2,364
전산서기	62
행정서기보 · 공업서기보 · 시설서기보 · 전산서기보 또는 방송통신서기보	836
전산서기보	9
우정주사(우정3급)	59
우정주사(우정4급)	88
우정주사(우정5급)	814
우정주사(우정6급)	2,374
우정주사보	4,568
우정서기	6,416
우정서기보	6,325
기록연구사	10
전문경력관 가군(보험계리 담당)	1
전문경력관 가군(교육 담당)	1
전문경력관 나군(비상계획 담당)	1
전문경력관 나군(우표 · 사진디자인 담당)	4
전문경력관 나군(우표디자인 담당)	2
2. 시간선택제 채용 공무원 계	9.0

2. 우체국에서 하는 일

우정사업본부는 우정사업의 획기적인 개선과 경영 혁신을 꾀하고자 2000년 7월에 설립되었다. 본부는 본부장 밑에 경영기획실, 우편사업단, 예금사업단, 보험사업단, 물류기획관실, 총무과, 감사담당관, 홍보담당관이 있다. 소속 관서로는 우정공무원교육원, 우정사업정보센터, 우정사업조달사무소와 9개 지방우정청(서울, 경인, 부산, 충청, 전남, 경북, 전북, 강원, 제주), 3,700여 개 우체국이 있다. 주요 업무는 우편 업무, 금융 서비스 업무, 우정 서비스 업무 등이다.

(1) 우편 업무

국내우편과 국제우편, 우체국 택배 업무가 있다. 국내우편에는 편지와 우편엽서, 민원우편, 국내 특급우편(당일 특급, 익일 오전 특급, 익일 특급), FAX우편, 우체국 경조카드 등의 접수와 배달 업무 등이 있다. 또한 우체국 택배를 운영하여 접수와 배달 업무를 담당하고 있다. 국제우편은 국제 통상우편, 국제 소포우편, K-Packet(우체국에서 화물을 적당한 덩어리로 나눠 행선지를 표시하는 꼬리표를 붙이는데, 이러한 방식을 데이터통신에 접목), 국제 특급우편 EMS(우체국 국제 특송) 및 EMS 프리미엄 등을 취급한다.

(2) 금융 서비스 업무

우체국예금, 우체국보험, 경조금 배달, 공과금 납부 등이 있다. 판매하는 금융 상품으로는 입출금이 자유로운 예금, 목돈마련예금, 세금 우대예금, 비과세상품 등이 있다. 우체국보험에는 저축성 보험, 연금보험, 교육보험, 보장성 보험 등이 있다.

(3) 우정 서비스 업무

우체국쇼핑, 우체국장터, 우체국 B2B, 꽃 배달 서비스, 분실 휴대폰 찾아주기 서비스, 폐휴대폰 회수 등이 있다. 우체국쇼핑은 우체국망을 이용하여 농어촌 지역의 특산품 생산자와 소비자를 직접 연결하여 판매하는 서비스이다. 우체국장터는 불특정 판매자가 상품을 자유롭게 등록하고 구매자가 대금을 결제하면 우체국이 상품 배달 및 결제 대금을 보호해주는 오픈마켓 형태의 쇼핑몰이다. 우체국 B2B는 등록된 회원사 간 물품 거래를 하도록 도와주는 서비스이다.

02
우체국의 대표 직업 – 집배원

1. 집배원이란?

우리나라에서 우체국 직원은 크게 일반직과 기능직으로 나누고, 기능직은 다시 담당 업무에 따라 집배직, 운전직, 우편직, 계리직 등으로 나눈다. 그중 계리직은 각 시·도 우체국 창구에서 우편 취급 업무와 금융 업무를 주로 맡고 있다. 따라서 집배원이라 함은 계리직을 제외한 집배, 운전, 우편 업무를 하는 사람을 말한다.

집배원은 우체통에서 우편물을 수집, 구분하여 해당 주소에 배달하는 사람을 말한다. 우리나라의 집배원들은 우정사업본부 지방 우정청에 소속된 지역 우체국에서 근무한다. 우체국 공무원인 정규직 집배원과, 2년 계약의 비정규직인 상시 집배원으로 구분된다.

　집배원은 우편물과 상품 등을 고객에게 정확하고 신속하게 전달해야 하므로 성실함, 인내력, 책임감, 건강한 체력이 요구된다. 우편물의 배달을 위해 담당 관할 구역의 지리도 잘 파악하고 있어야 한다.

2. 집배원이 하는 일

(1) 접수·수집

　우체통에 투함된 우편물을 지정된 시간에 수집하여 우체국 발착실에 인계한다. 우체통에 투입되거나 무집배 우체국에 접수된 우편물은 정기적으로 수집한다. 관할 구역 내에 배달될 우편물을 담당 구역 및 배달 순서로 구분하여 나누고 특수통상 우편물(등기, 속달, 소포 등)은 따로 구별하여 집배포(집배가방)에 투입한다.

(2) 운송

　집배국에서 수집된 우편물은 자국에 접수된 우편물과 함께 정리하여 행선지별로 우편자루에 넣어져 목적지 우체국에 운송된다. 수집 우체국 상호 간에는 모든 운송기관과 인력을 이용하여 운송한다. 이와 같은 노선을 우편선로(郵便線路)라고 한다. 이용되는 운송 수단에 따라 철도, 항공, 수로, 자동차, 인부 우편선로로 구별된다.

(3) 배달

오토바이 또는 택배 트럭으로 우편물을 표기 주소지에 배달하며 특수통상 우편물과 경조환, 전신환, 전신 우편대체 등은 배달 중에 수령자의 수령인을 날인받는다. 배달 서식을 작성하고 우편요금을 수금하기도 한다. 주소 불명, 수취인 불명 및 기타 배달 불능 우편물은 부전 사유 기재 후 사고 우편물 처리원에게 인계한다.

3. 집배원이 되는 방법

집배원이 되기 위해서는 공채 및 특채 시험에 합격해야 한다. 학력과 전공에 상관없이 취업할 수 있지만, 자동이륜차(모터사이클) 운전은 필수이다. 또한 워드프로세서, 정보처리기능사 등 정보화 자격증을 소지하고 있으면 유리하다.

집배원 시험 응시 연령은 만 18세 이상이고, 채용은 시·군·구에 소재하는 우체국 (5급 이상의 감독우체국)에서 집배원 결원 발생 시 수시로 실시한다. 정규 집배원 결원 시에는 상시 위탁 집배원(임용직)을 특채 방법에 준하여 채용한다. 하지만 일반적으로 상시 계약 집배원이 된 다음 정규직 집배원으로 전환된다. 택배 경력이 1년 이상 있으면 정규 집배원 지원이 가능하나 보통은 상시 계약 집배원으로 근무하던 사람이 정규직으로 전환된다.

공채시험의 경우 1차 시험은 한국사(상용한자 포함)와 일반상식이며, 2차 시험은 면접이다. 특별채용은 서류전형(운전면허증, 자격조회 등)과 면접시험으로 이루어지는데, 대부분의 우체국에서는 특별채용으로 집배원을 모집한다.

상시 계약직 집배원의 모집은 각 체신청 홈페이지 아니면 본인이 거주하는 총괄 우체국 홈페이지에 모집 공고를 실어 이루어진다. 정보처리기능사 등 정보화 관련 자격증을 1개 이상 소지하면 채용 시 우대요건에 해당한다. 정규직 전환 시험에서는 자격증이 있어야 한다.

그리고 집배원은 일반적으로 〈택배원 2년 → 상시 집배원 3~5년 → 기능직 공무원〉의 순서로

전환이 이루어진다. 기능직 공무원으로 전환되더라도 절대 다른 지역으로의 발령은 없다. 기능직 공무원 집배원이 되면 동일한 지역에서만 3년마다 인사이동이 이루어진다. 기능직 공무원 집배원은 정년까지 근무하는 사람이 많다. 계리직 공무원과는 다르므로 정확한 정보를 습득한 후 지원하여야 한다.

4. 집배원의 직업적 전망

집배원은 아침 9시가 출근 시간이지만 통상적으로 7시 30분에 출근하여 그날 배달할 소포, 등기를 받고 우편물을 정리한 다음 9시경에 배달을 시작한다. 우편 수취인 미납요금을 수납하고 수취확인증을 받는다. 편지를 수거하며 수납한 돈과 영수증을 분류, 정리하고 편지와 소포 꾸러미를 정리하고 분류한다.

택배 픽업, 우편함 수거, 반송 수거 등을 마치고 우체국으로 돌아오면 오후 4시~6시경이 된다. 우체국으로 귀환한 후 다음 날 보낼 우편을 분류하고 기타 서류철 정리, 반송 처리 등의 업무를 마무리하고 퇴근한다. 이 시간은 통상적으로 저녁 8시 정도이며 때로는 11시 정도까지 야근을 하는 경우도 있다.

더구나 당일배송, 휴일배송 등 다양한 배송 서비스를 실시하고 있어 집배원들의 노동 강도는 갈수록 심해지고 있다. 따라서 강한 체력이 요구되며, 과로사를 예방하기 위해 정부는 집배원 근무 여건을 개선하려고 노력하고 있다. 집배원의 연봉은 다음과 같다.

 일반직 우정직군 공무원 등의 봉급표

계급 호봉	우정1급	우정2급	우정3급	우정4급	우정5급	우정6급	우정7급	우정8급	우정9급
1	2,859,500	2,662,200	2,480,300	2,306,100	2,140,500	1,989,600	1,785,500	1,591,900	1,448,800
2	2,967,800	2,766,600	2,581,000	2,404,600	2,235,900	2,082,100	1,866,900	1,669,200	1,504,400
3	3,080,400	2,874,900	2,684,200	2,505,100	2,334,300	2,177,700	1,953,200	1,750,800	1,575,900

4	3,197,900	2,987,200	2,788,900	2,608,300	2,434,700	2,275,300	2,043,800	1,834,000	1,652,100
5	3,318,900	3,102,900	2,895,400	2,711,600	2,538,100	2,375,700	2,137,600	1,920,500	1,732,300
6	3,442,800	3,221,300	3,006,100	2,815,900	2,641,300	2,479,000	2,233,700	2,009,200	1,813,200
7	3,570,900	3,341,600	3,117,400	2,919,800	2,745,200	2,582,500	2,330,600	2,098,200	1,893,700
8	3,699,900	3,464,100	3,231,500	3,024,600	2,849,100	2,686,400	2,427,900	2,183,600	1,971,400
9	3,830,000	3,586,900	3,345,700	3,129,800	2,953,900	2,790,600	2,520,500	2,265,200	2,045,700
10	3,960,400	3,710,500	3,460,000	3,235,300	3,059,000	2,888,300	2,609,000	2,342,200	2,117,200
11	4,091,800	3,833,900	3,574,400	3,341,500	3,157,500	2,981,000	2,692,400	2,417,000	2,185,400
12	4,216,400	3,944,800	3,678,600	3,443,400	3,252,800	3,072,200	2,774,300	2,490,000	2,253,200
13	4,332,800	4,048,300	3,775,000	3,538,600	3,343,600	3,158,100	2,852,100	2,560,200	2,318,200
14	4,440,700	4,146,200	3,867,300	3,628,400	3,429,500	3,239,200	2,926,500	2,627,100	2,381,300
15	4,541,000	4,237,200	3,952,800	3,713,400	3,510,800	3,317,100	2,997,500	2,691,500	2,441,600
16	4,634,500	4,323,400	4,034,100	3,794,000	3,587,700	3,390,000	3,064,800	2,753,600	2,500,000
17	4,720,800	4,403,100	4,110,600	3,869,700	3,660,600	3,459,700	3,129,300	2,811,600	2,557,000
18	4,800,900	4,478,300	4,183,100	3,941,100	3,729,200	3,525,600	3,191,000	2,868,000	2,610,100
19	4,875,300	4,548,400	4,251,000	4,008,200	3,793,700	3,588,000	3,249,000	2,922,000	2,662,300
20	4,944,600	4,614,500	4,315,000	4,072,000	3,855,600	3,646,800	3,304,400	2,973,500	2,712,200
21	5,009,300	4,675,500	4,375,200	4,131,700	3,913,700	3,703,400	3,357,200	3,022,700	2,759,100
22	5,068,500	4,733,600	4,431,900	4,188,000	3,967,800	3,756,600	3,407,100	3,070,000	2,804,200
23	5,117,800	4,787,700	4,485,700	4,240,800	4,019,300	3,806,500	3,455,200	3,114,900	2,847,100
24	5,163,800	4,833,100	4,535,600	4,291,100	4,068,300	3,854,100	3,501,100	3,158,300	2,888,400
25		4,875,500	4,577,800	4,337,900	4,114,900	3,899,400	3,544,400	3,199,400	2,927,800
26			4,617,800	4,376,900	4,158,000	3,942,000	3,585,900	3,239,400	2,963,300
27			4,655,900	4,413,900	4,194,500	3,982,600	3,621,100	3,272,600	2,993,900
28				4,449,700	4,229,600	4,016,600	3,653,800	3,304,700	3,023,500
29				4,482,500	4,261,900	4,048,500	3,685,500	3,335,000	3,051,900
30					4,293,300	4,080,000	3,715,700	3,364,400	3,079,600
31						4,109,100	3,744,100	3,392,900	3,106,700
32						4,136,600			

〈개정 2018. 1. 18.〉

인터넷 및 모바일의 발달로 이메일 및 단문메시지서비스(SMS), 소셜네트워크서비스
(SNS) 등을 이용하는 사람들이 증가하여 편지나 고지서 등 우편 물량은 계속 감소하고
있다. 반면 각종 홍보물, 전단지와 등기 우편물이 연간 3~5% 증가하고 있으며, 특히 우
체국 택배 물량이 늘어나 집배원들의 업무량이 매년 늘고 있다. 이런 요인으로 앞으로
집배원의 고용은 늘어날 것으로 보인다.

1. 학교 – 교사

• 교준모   http://cafe.naver.com/gyowonimyoung
교사, 교원 임용시험을 준비하는 사람들의 모임이다. 시험 정보, 합격 후기 등 예비 교사들이 많은 도움을 받을 수 있는 곳이다.

• 한국교육과정평가원   http://www.kice.re.kr
초·중등학교 교과 교육의 혁신을 위한 교육 과정을 연구하는 기관이다. 미래 사회에 대비하여 국가 교육 과정 및 정책 개선을 위한 기초 연구와 적용 및 후속 연구를 수행하며, 학교의 교육 과정 개선에 관한 다양한 연구를 수행하고 있다. 또한 교사의 수업 전문성 향상을 지원하기 위해 수업 개선 연구와 함께 교사 교육 프로그램 개발 및 연수도 수행하고 있다.

2. 소방서 – 소방공무원

• 중앙소방학교   http://www.nfsa.go.kr
우리나라의 미래 소방을 이끌어나갈 핵심 인재들의 역량과 전문 능력을 배양하는 소방 교육의 요람이다. 현장 중심의 실무 교육을 통해 도시화로 인한 대규모 복합 재난 등 각종 재난 현장에 신속하게 대응할 수 있는 자질을 양성하기 위해 노력하고 있다. 또한 소방관의 안전을 지키기 위한 교육 프로그램 연구, 개발에 앞장서고 있다.

• 한국소방안전협회   http://www.kfsa.or.kr
소방기술과 안전관리에 관한 교육, 조사 및 연구 등의 업무를 수행하고 있으며 특히 화재 예방과 안전관리 의식의 고취를 위한 대국민 홍보 업무를 하고 있다.
또한 소방 교육도 실시하고 있는데, 산업 발전과 함께 매년 증가하고 대형화되고 복잡해지는 소방여건에 맞춰 이론과 실기를 병행한 내실 있는 교육이 특징이다. 우수한 교수진을 확보하여 분야별 특성을 살린 교육으로 소방 관계 종사자에게 소방기술 정보를 보급함으로써 화재 예방을 도모하고 있다. 한편 소방회관에는 이론과 실기를 병행한 각종 소방 교육을 실시할 수 있도록 대강당, 시청각교육장을 비롯하여 실기 연습장, 소방 관련 제품 전시대 등이 갖춰져 있다.

3. 법원 – 판사

• 명쾌한 판사와 함께하는 법 이야기
    http://blog.naver.com/law_zzang
대법원에서 운영하는 블로그로, 법원 뉴스, 최신 판결, 생활 법률 등 명쾌한 판사가 전하는 정의롭고 따뜻한 법 이야기가 실려 있다.

• 가인 법정 변론 경연대회(Korea Moot Court Competition)
법학 전문 대학원생을 대상으로 하는 대한민국 대법원 법원행정처에서 주관하는 모의법정 변론·대회이다. 2009년 처음 실시되어 매년 11월경부터 이듬해 2월까지 개최되고 있다. 대회의 이름은 대한민국 초대 대법원장인 가인 김병로의 호를 따서 지어졌다. 대한민국에서 가장 권위 있는 법률 해석 기관이 법학 전문 대학원의 모든 학생들을 실무자의 시선으로 평가한다는 점에서 위상이 높고, 각 학교의 학생들이 모교와 자신의 명예를 걸고 도전하는 대회이기도 하다.

4. 주민센터 – 행정공무원

• 대한민국 공무원 되기   injae.go.kr
정부가 운영하고 있는 '대한민국 공무원 되기' 사이트에서는 모든 공무원의 채용 정보를 볼 수 있다. 중앙 정부의 일자리는 물론 서울, 경기도, 부산 등 각 자치단체의 채용, 소방서나 군인, 군무원, 교육청, 공공기관 같은 기관의 채용 등도 모두 열람할 수 있고, 관련 정보를 모두 접할 수 있는 사이트이다. 그뿐만 아니라 공무원의 보수와 관련 직종 선배와 합격자들의 인터뷰와 수기 등도 있어 공무원 시험을 준비하는 사람에게 좋은 정보를 전달한다. 각 기관의 지원 자격과 원서 접수, 시험 날짜와 발표일, 시험 장소와 시간, 합격자 등도 살펴볼 수 있으며, 기출문제와 답안도 확인할 수 있다.

• 찾아가는 동주민센터
기존 일반행정 중심의 동주민센터를 주민복지와 마을공동체 중심으로 변경한 것으로, 서울시가 2015년부터 추진하고 있는 사업이다. 구체적으로 주민 생애주기별 맞춤 복지와 동 단위의 마을 계획 수립을 지원하면서 공동체를 활성화한다. 이를 위해 기존의 2팀 체계의 동주민센터를 마을 생태계 조성과 복지 중심으로 재편하고 '우리동네주무관', '마을사업전문가', '복지플래너', '복지상담전문관'을 신설·운영하고 있다.

5. 은행 – 은행원

• 전국은행연합회   www.kfb.or.kr
금융기관 상호 간의 업무 협조와 금융 문제의 조사 연구 및 은행 업무의 개선을 통하여 금융산업의 발전을 도모하고 금융인의 자질 향상, 복리후생의 증진을 기하여 그 사회적 지위를 향상시키는 데 그 목적이 있다.

- 청소년금융교육협의회 　　　www.fq.or.kr
청소년들에게 어릴 때부터 금융, 경제 및 신용관리 등에 대한 체계적이고 효율적인 금융 교육을 지속적으로 실시함으로써 금융·경제에 대한 이해를 높여 건전하고 올바른 경제생활을 할 수 있도록 하기 위해 설립된 비영리 사단법인이다.

6. 경찰서 – 경찰
- 청소년 경찰학교
경찰서에서 운영하는 학교폭력 예방 교육으로 역할극, 경찰체험(과학수사, 장비), 심리상담 등 체험형 프로그램으로 구성되어 있다. 이러한 체험을 통해 학교폭력 근절에 대한 공감대를 형성함으로써 학교폭력 대응 능력, 준법정신, 또래 보호의식을 함양할 수 있도록 유도하고 있다.

7. 도서관 – 사서
- 한국도서관협회 　　　　　www.kla.kr
도서관의 관리, 운영 기술에 대해 조사 및 연구, 도서관과 독서에 관한 자료의 편간, 도서관 직원의 교육 및 지위 향상, 도서관의 보급 및 설립 운영 지도, 서지사업 및 양서의 선정 보급, 독서운동의 추진 및 지도, 도서관 용품의 규격화 및 보급, 도서관 관계 자료실의 설치, 각국 도서관 단체 및 관계 기관과의 연락 제휴, 기타 본회 목적 달성에 필요한 사업 등을 계획하고 실행하고 있다.

- 국립중앙도서관 '사서에게 물어보세요'
　　　　　　　　http://www.nl.go.kr/ask/
국민의 알 권리 및 정보접근권 보장을 위하여 국내 도서관 간 협력을 통하여 웹상에서 신속·정확하게 지식정보를 제공하는 협력형 온라인 지식정보 서비스(CDRS, Collaborative Digital Reference Service)이다.
일반인들이 궁금해하는 지식 및 학술 정보에 대하여 이용자가 도서관을 방문하지 않고 홈페이지를 통하여 질의 답변을 받는 참고 서비스로, 사서가 도서관 소장자료 및 온라인 정보자원 등을 활용하여 답변해준다.

8. 미술관 – 큐레이터(학예사)
- 국립현대미술관 　　　http://www.mmca.go.kr
1969년 개관 이래 한국 현대미술의 역사와 자취를 함께하며 대한민국을 대표하는 문화 공간으로 자리 잡아왔다. 특히 국립현대미술관 미술연구센터는 과천관에 특수 자료실

과 미술 도서실을 운영, 미술 아카이브 및 전문 도서의 체계적인 수집, 보존, 관리 및 연구사업을 담당하고 있다. 미술연구센터가 소장하는 자료는 특수 자료와 미술관 자료, 그리고 도서 자료로 구성되어 있는데, 이 자료들 중 정리, 기술이 완료된 자료에 한해 원본 자료 열람 서비스를 실시하고 있다.

- 한국박물관협회 　　　www.museum.or.kr
박물관은 설립 주체별로는 국·공립3사립대학박물관, 특성별로는 박물관, 미술관, 과학관, 자료관, 사료관, 유물관, 전시장, 전시관, 향토관, 교육관, 문서관, 기념관, 보존소, 민속관, 문화관, 예술관, 문화의 집, 야외 전시공원, 전수관, 동·식물원 등으로 나뉜다. 한국박물관협회는 진흥법 제5조에 의거해 문화체육관광부 장관이 인정한 우리나라 전체 등록 박물관과 미술관이 회원으로 가입된 비영리 법인단체이다.

9. 공연장 – 공연기획자
- 한국공연예술인경영협의회
　　　　　　http://www.artsmanagement.or.kr
공연예술 경영인의 상호 간 유대를 공고히 하고 회원 공동의 권리를 옹호하며 공연문화의 발전에 기여하기 위해 설립되었다. 주요 사업 및 활동은 공연예술과 관련된 조사, 연구 및 대정부 정책건의 활동(정책건의서 제출), 공연 관객 개발, 공연장 운영 등에 관한 연구개발 사업(세미나 개최, 연구서 발간), 회원들의 권익 보호를 위한 활동 및 공연 관련 정보 제공(워크숍 개최) 등이 있다.

10. 우체국 – 집배원
- 우정박물관 　　　www.postmuseum.go.kr
1884년 홍영식 선생의 우정총국 설치로 시작된 근대 우정(郵政)의 시작부터 2000년 우정사업본부 출범 이후 오늘날에 이르기까지 우리나라 우정의 발자취와 사료를 전시하여 관람객들에게 교육·문화 공간으로 제공하고자 설립하였다. 우편뿐 아니라 금융을 포함한 우체국 업무 전반을 소개하고 있으며, 특히 집배원복과 우체통의 변천, 세계 각국의 우체통 등을 전시하여 관람객들에게 좋은 볼거리를 제공하고 있다.

City

관련 용어

1. 학교 – 교사

- **내신제**: 대학교 입학 응시자 선발 과정에서 고등학교 때의 학업 성적과 학교생활 전반에 걸친 종합적인 평가치를 반영하는 제도이다.

- **생활기록부**: 학생들의 신체적·지적·정의적·사회적 발달상황과 발달과 관련있는 제반 조건 또는 환경에 관한 정보를 일정 기간 체계적으로 기록한 장부이다. 현재 각 학교에서 기록, 보관하고 있는 생활기록부는 학교생활의 누가기록부이다. 누가기록부에 수록되는 사항은 신변 사항, 가정환경, 가족관계, 학적 사항, 교과 성적, 특별활동, 출결 사항, 신체 발달과 건강 상태, 성격 형성과 발달, 장래희망과 계획, 각종 검사 결과 등을 비롯한 교사의 중요 관찰 사항이다. 기록의 정확성, 포괄성, 체계성, 연속성, 실용성이 강조되며 종합적이고 객관적인 자료로서 학생 개인을 이해하고 지도하는 데 중요한 자료가 된다.

- **LMS(Learning Management System)**: 학교는 물론 기업과 공공기관에서도 사용한다. 컴퓨터 온라인을 통하여 학생들의 성적과 진도는 물론 출석과 결석 등 학사 전반에 걸친 사항들을 관리해 주는 시스템이다. 학습 콘텐츠의 개발과 전달, 평가, 관리에 이르기까지 교수학습의 전반적 과정을 통합적으로 운영, 관리할 수 있는 시스템으로, 학습관리 시스템 또는 학사관리 운영 플랫폼이라고도 한다.

- **국가 직무능력 표준**: 산업 현장에서 직무를 수행하는 데 필요한 지식, 기술, 소양을 국가가 산업 부문별, 수준별로 체계화한 것이다. 즉, 산업 현장의 직무를 성공적으로 수행하기 위해 필요한 능력을 국가적 차원에서 표준화했다. 이는 교육 훈련 기관의 교육 훈련 과정, 교재 개발 등에 활용되어 산업수요 맞춤형 인력 양성에 기여하는 것은 물론 근로자를 대상으로 채용, 배치, 승진 등의 체크 리스트와 자가 진단도구로 활용이 가능하다.

- **입학사정관**: 대학에서 다른 행정조직으로부터 독립된 보직으로서 입학과 관련된 업무만을 수행하는 전문가이다. 입학사정관 제도에 따라 대학 신입생을 선발하는 업무를 담당하는 교육 과정 전문가를 가리킨다. 입학사정관 제도란 대학이 채용한 입학사정관이 입학을 지원하는 학생에 대하여 학업 성적뿐 아니라 소질과 경험, 성장 환경, 잠재력 등을 종합적으로 평가하여 선발하는 제도이다.

- **표준점수**: 대학수학능력시험 점수를 매길 때 응시 영역과 과목의 응시자 집단에서 해당 수험생의 상대적인 위치나 성취 수준을 나타내기 위해 산출하는 점수이다. 표준점수란 전체 평균을 100으로 놓고 분포시킨 상대점수이다. 표준점수를 계산하기 위해서는 우선 수험생 개인의 원점수에서 수험생이 속한 집단의 평균 점수를 뺀 다음, 이를 수험생이 속한 집단의 표준편차로 나누어 z 점수를 산출한다. 이렇게 산출된 z 점수에 다시 해당 영역의 표준편차(20)를 곱한 후

평균점수(100)를 더하면 표준점수가 나온다. 탐구영역은 표준편차(10)를 곱한 후 평균 점수(50)를 더한다.

2. 소방서 – 소방관

- **감지구역(zone)**: 자동 화재 탐지 설비의 화재 감지기나 스프링클러 설비의 헤드 등이 하나의 회로로 구성되어 화재를 감지 또는 작동하는 범위이다.

- **공중진화(aerial attack)**: 보통 임야 화재 진압 시 항공기를 이용하여 산불 진행로에 소화 약제를 투하하는 것을 의미한다. 공중에서 장비, 진화요원, 호스 등을 투입할 때도 항공기를 이용한다. 고가 사다리차에서 사다리 파이프를 이용하여 고층 건물의 화재를 진압하거나 화재 노출물을 방호하는 것이다.

- **물 분무(water fog)**: 물 분무헤드나 분무 관창에 의해서 물이 방사되는 형태로, 미세한 물의 입자에 의한 안개 형태를 말한다. 스프레이(spray)라고도 한다.

- **맞불 지르기(suppression firing)**: 산림 화재에서 연소하고 있는 맞은편에 불을 붙여 양쪽의 화세에 의하여 화재가 확산되지 못하고 스스로 소화되게 하는 진화의 방법이다.

- **전원출동 화재(all hands)**: 제1경보에 출동하도록 지정된 소방대가 전원 진화 작업에 투입되는 화재이다. 전원출동 화재경보 이후에는 여러 차례의 경보가 뒤따르고, 이미 출동한 소방대의 공백을 메우기 위해 인근 지역의 소방대가 파견되어 온다.

- **전진배치(lay in)**: 화재 현장에 소방차로 접근하면서 소화전으로부터 화재 현장으로 호스를 배치하도록 조치하는 행위 또는 명령이다.

- **화재 위험지수(severity index)**: 화재가 자주 발생하는 계절과 같은 특정 기간 동안에 일정 지역의 상대적인 화재 위험도를 나타내는 수치이다.

3. 법원 – 판사

- **상소(上訴)**: 미확정인 재판에 대하여 상급 법원에 불복 신청을 하여 구제를 구하는 불복 신청 제도를 말한다.

- **항고(抗告)**: 결정에 대한 상소를 말하는 것으로 여기에는 일반항고(一般抗告)와 재항고(再抗告)가 있다. 일반항고는 다시 보통항고(普通抗告)와 즉시항고(卽時抗告)로 나누어진다. 즉시항고는 이를 허용하는 규정이 있는 경우에만 할 수 있는 항고이고, 보통항고는 특별히 즉시항고를 할 수 있다는 뜻의 규정이 없는 경우에 널리 법원이 행한 결정에 대하여 인정되는 항고이다.

- **기소(起訴):** 검사가 일정한 형사 사건에 대하여 법원의 심판을 구하는 행위를 말한다. 이를 공소의 제기라고도 한다.

- **공소권 없음:** 수사기관이 법원에 재판을 청구하지 않는 불기소 처분의 한 유형. 피의 사건에 대하여 소송 조건이 결여되거나 형을 면제할 사유가 있는 경우에 내리는 법원의 결정을 말한다.

- **선고유예(宣告猶豫):** 범행이 경미한 범인에 대하여 일정 기간 형의 선고를 유예하고, 그 유예 기간을 특정한 사고 없이 경과하면 형의 선고를 면하게 하는 제도를 말한다.

- **공판 기일(公判期日):** 형사소송법상 법원과 검사 그리고 피고인 및 기타 소송 관계인이 모여 공판 절차를 실행하는 기일을 말한다. 재판장은 공판 기일을 정해야 하는데, 공판 기일에는 피고인, 대표자 또는 대리인을 소환하여야 한다. 또 공판 기일은 검사, 변호인과 보조인에게 통지해야 한다.

- **미필적 고의(未必的 故意):** 범죄 사실이 발생할 가능성을 인식하고 또 이를 인용하는 것을 말하며 조건부 고의(條件附 故意)라고도 한다.

4. 주민센터–행정 공무원

- **가족관계등록부:** 2008년 1월 1일부터 종전의 호적 제도를 대신하여 시행된 제도. 종전의 호적이 혼인·이혼·입양 등의 인적 사항을 모두 드러낸 데 비하여 가족관계등록부는 개인의 생년월일과 가족관계 등을 사용처와 필요에 따라 일부 정보만 표시하여 5가지 증명으로 발급한다.

- **인감증명:** 인영(印影)이 행정청에 신고 된 인감과 동일하다는 것을 증명하는 서면. 인감증명은 문서에 찍힌 인영이 본인의 것임을 증명하기 위하여 사용하고, 그 밖에 거래를 할 때도 사용된다.

- **출생신고:** 사람의 출생 사실을 사실 그대로 신고하는 행위로서, 보고의 의미를 지닌 절차이다. 태어난 지 1개월 이내에 태어난 자의 본적지 또는 신고인의 주소지 시·읍·면의 사무소에 신고해야 하며, 기간이 지나면 신고 의무자에게 과태료가 부과된다.

- **전입신고:** 하나의 세대에 속하는 자의 전원 또는 그 일부가 거주지를 이동한 때에 신고 의무자가 새로운 거주지에 전입한 날부터 14일 이내에 주소지 변경 및 등록을 위한 전입사실을 새로운 거주지 관할 기관(동주민센터 등)에 신고하는 일을 말한다.

- **쓰레기 종량제:** 쓰레기 발생량에 대해 배출자 부담 원칙을 적용해 국민 전체를 대상으로 쓰레기의 가격 개념을 도입한 제도이다. 정책명은 '쓰레기 수수료 종량제'이며 1995년 1월부터 시행되어왔다.

5. 은행 – 은행원

- **당좌예금:** 수표 또는 어음을 발행하여 언제든지 자유로이 찾을 수 있는 예금이다.

- **별단예금:** 금융기관이 업무 수행 과정에서 발생하는 미결제·미정리된 일시적 보관금이나 예수금 등을 처리하기 위해 설치한 일시적·편의적 계정을 말한다.

- **양도성예금증서:** 제3자에게 양도가 가능한 정기예금증서이다. 현금지불기(cash dispenser: CD)와 구별하기 위하여 NCD라고도 한다. 은행이 정기예금에 대하여 발행하는 무기명의 예금증서로, 예금자는 이를 금융시장에서 자유로이 매매할 수 있다.

- **유가증권:** 일정한 금전이나 화물 등의 유기물에 대해 청구할 수 있는 권리가 표시된 증서이다. 즉, 상법상의 재산권을 표시하는 증서를 말하는 것으로 단순히 증권이라고도 한다. 권리의 발생과 행사, 이전은 증권에 의해 이루어진다.

- **방카슈랑스:** 은행과 보험회사가 협력하여 종합 금융 서비스를 제공하는 것이다. 프랑스어로 은행(banque)과 보험(assurance)의 합성어로, 은행과 보험회사가 상호 제휴와 업무 협력을 통해 종합 금융서비스를 제공하는 새로운 금융 결합 형태이다.

- **내국환:** 국내의 격지간(隔地間)의 송금 또는 채권·채무의 결제를 현금 이송에 의하지 않고 제3자에게 위탁하여 처리하는 방식. 이러한 업무는 주로 은행 등의 금융기관이나 우체국에서 취급하고 있다. 그 종류로는 채무자가 채권자에게 송금하는 송금환(送金換)과, 채권자가 채무자에 대하여 추심(推尋)하는 역환(逆換) 방식이 있다.

- **외국환:** 국제 간의 채권·채무 관계를 금과 외화를 직접 사용하지 않고 처리하는 지정 서류를 말한다.

- **BIS 자기자본비율:** 국제결제은행(BIS)이 정하는 은행의 자기자본비율이다. 국제적인 은행 시스템의 건전성과 안정성을 확보하고 은행 간 경쟁 조건의 형평을 기하기 위해 국제결제은행의 은행감독규제위원회(바젤위원회)에서 정한 기준이다.

- **CMA:** 단자회사가 투자자로부터 예탁금을 받아 수익성이 좋은 기업어음인 CP 할인어음이나 단기국공채, 양도성예금증서 등의 금융상품으로 운용하고 관리하여 발생한 수익금을 투자자에게 되돌려주는 어음관리 계좌로, 종합자산 관리계정이라고도 한다.

6. 경찰서 - 경찰

- **감독순시**: 상급 경찰관서의 경찰간부가 하급 경찰관서를 순행(巡行)하면서 그 관서 소속 경찰관에 대하여 지휘감독의 임무를 다하는 것이다.

- **갑호경호**: 대통령, 외국의 원수 또는 그의 특사에 대한 경호이다.

- **검문검색**: 검문이란 검사하고 물음, 문초하고 조사함. 검색이란 검사하여 찾아본다는 뜻이다. 범인이 잠복하고 있다고 생각되는 장소에서 범인을 발견하거나 범죄에 관계있는 흉기, 유류품, 기타의 흔적을 발견하는 것으로서 경찰관 직무집행법상 경찰관에게 보장된 대인적, 대물적, 대가택적인 강제 수단이다.

- **구속**: 형사소송법상 구인(拘引)과 구금(拘禁)을 포함하는 개념. 구인이란 피고인 또는 피의자를 법원, 기타 일정한 장소에 실력을 행사하여 인치(引致)·억류(抑留)함을 의미하고, 구금이란 피고인 등에게 실력을 행사하여 교도소·구치소에 감금함을 의미한다.

- **불구속 입건**: 수사기관이 수사를 개시할 때에는 각 수사기관에 비치하고 있는 '사건부'라는 장부에 일련번호를 붙여 사건명, 인적 사항 등을 기재하게 되는데 이를 '입건'이라 한다. 입건은 범죄 인지(犯罪認知), 고소·고발의 접수, 검사의 수사 지휘 등이 있을 때에 하게 된다. 입건됨에 있어 강제처분인 구속을 당하지 않고 불구속 상태로 수사에 착수하는 것을 말한다.

- **입건**: 수사기관이 사건을 인지한 후 수사를 개시하는 것을 말한다. 통상적으로 입건은 내사를 통한 범죄의 인지를 비롯하여 고소 및 고발의 접수, 자수, 자복, 변사체 검시, 검사의 수사 지휘 등을 통해 시작된다.

- **기소 중지**: 수사 종결 형식 가운데 불기소 처분(중간처리)의 하나로 검사가 피의자의 소재 불명 등의 사유로 수사를 종결할 수 없는 경우, 그 사유가 해소될 때까지 수사를 중지하는 처분을 말한다.

- **TBPE 시약**: 마약류 시약의 하나로 필로폰을 그 대상으로 한다. 김치, 감기약, 커피 등에서도 양성 반응이 나타나므로 유의해야 하고, 남용 용의자를 증명하기 위해서는 증거물로 72시간 내에 채취한 소변(약 20㎖)이 가장 바람직하다.

- **약취, 유인**: 폭력 또는 기타 사술(詐術)에 의하여 사람을 한 나라의 관할로부터 다른 나라의 관할로 이동시키는 것을 의미한다. 해당 국가의 묵인 하에 또는 묵인 없이 외국의 국가 기관에 의해 행해지거나, 민간에 의해 행해지기도 한다.

- **진술조서**: 수사기관이 피의자 아닌 자(피해자, 참고인 등)의 진술을 기재한 조서를 말한다. 수사기관이 피고인의 진술을 기재한 조서도 진술조서에 해당한다. 피고인은 피의자가 아니기 때문이다. 진술조서의 작성은 임의수사의 일종이다.

- **진정(陳情, petition)**: 개인이 침해받은 권리를 구제하기 위해 관계 기관에 일정한 조치를 요구하는 것으로, 수사기관에 범죄 사실을 신고하는 것도 포함된다.

7. 도서관 - 사서

- **분류**: 사물이나 현상, 개념 등을 유사한 것은 모으고 상이한 것은 구분하여 체계화하는 것이다.

- **듀이 십진 분류법(DDC, Dewey Decial Classification)**: 미국의 멜빌 듀이가 1876년에 고안한 분류법으로, 모든 지식을 10개의 종류로 나누고 이것을 다시 십진식으로 세분류하고 있다.

- **ISBN(국제표준도서번호, International Standard Book Number)**: 방대한 양의 도서를 체계적으로 분류하고 도서 유통 관리를 효율적으로 하기 위해 국제적으로 정한 도서표준 고유 코드번호(10자리)이다.

- **ISSN(국제표준 연속간행물 번호, International Standard Serial Number)**: 전 세계적으로 간행되는 연속 간행물에 부여한 8자리 숫자로 된 번호이다.

- **장서 점검(Inventory)**: 도서관 자료, 비품 등을 자산 목록과 대조하여 점검하는 과정이다.

- **색인(Indexes)**: 책이나 기사에 대한 기본 정보로, 자료의 서지 사항을 일정한 원칙(주제별, 인명별 등)에 의해 자모순으로 배열한 것이다.

- **초록(abstract)**: 원문의 내용을 파악할 수 있도록 간략하게 요약한 문장이다.

- **밀집서가(Compact storage)**: 별로 이용이 되지 않는 자료를 밀집해두는 곳이다.

- **딸림자료(Accompanying material)**: CD-ROM, 카세트 테이프, 디스켓, 소책자, 지도 등 주 매체 자료에 딸린 부속 자료로서, 총 대출 권수에는 포함되지 않으며 별도로 비치되어 있는 자료(+ 뒤에 딸림자료의 형태, 매수 크기 등을 나타냄)이다.

- **레이블**: 청구기호를 기재하기 위한 작은 스티커로 책등의 아랫부분에 부착한다.

- **상호대차(ILL, Interlibrary Loan)**: 자관에서 소장하지 않는 자료를 도서관 간의 상호 협약에 의해 서로 이용할 수 있도록 한다.

- **원문복사 서비스(DDS, Delivery Document Service):** 원하는 자료가 도서관에 소장되어 있지 않을 때 국내외 다른 기관에 의뢰하여 제공하는 서비스이다.

- **SDI(Selective Dissemination of Information):** 이용자가 관심 있는 주제 분야의 키워드를 등록해두면 관련 정보 입수 시 지정한 이메일을 통해 주기적으로 최신 정보를 제공받을 수 있는 서비스이다.

8. 미술관 – 큐레이터(학예사)

- **메타포(metaphor):** 은유. '숨겨서 비유하는 수사법'이라는 뜻이다. 'A는 B와 같다'식의 직접적인 비유가 아닌 'A는 B다'는 식의 비유법을 말한다.

- **비엔날레(biennale):** 이탈리아어로 '2년마다'라는 뜻으로 미술 분야에서 2년마다 열리는 전시 행사를 일컫는다. 세계 각지에서 여러 종류의 비엔날레가 열리고 있지만, 그중에서도 가장 역사가 길고 권위를 인정받고 있는 것은 베니스 비엔날레이다.

- **오브제(objet):** 일반적으로는 물건, 물체, 객체 등의 의미를 지닌 프랑스어이나, 미술에서는 주제에 대응하여 일상적·합리적인 의식을 파괴하는 물체 본연의 존재 방식을 가리킨다.

- **옵 아트(Op Art):** 옵아트는 '옵티컬 아트(Optical Art)'를 줄여서 부르는 용어이다. 즉, '시각적인 미술'의 약칭이라 할 수 있다. 이 양식은 '망막의 미술(retinal art)'과 '지각적 추상(perceptual abstraction)'이라는 다른 명칭으로도 불린다. 이 용어는 1964년에 조각가인 리키가 당시 뉴욕의 근대 미술관 큐레이터였던 젤츠, 사이츠와 대화를 나누는 과정에서 이름이 지어졌다.

- **에디션(edition):** 원래 초판, 재판 등의 판(版)을 의미하며 인쇄물을 뜻하기도 한다. 미술에서는 한정된 수로 제작되고 전시, 판매되는 작품을 뜻하는 말이다. 판화는 대부분 에디션으로 제작되고, 사진 작품도 에디션으로 유통될 수 있다.

- **파인 아트(fine art):** 응용미술 혹은 장식미술에 반대되는 의미로 '더 고급스럽고' 비실용적인 예술을 지칭하는 용어. 일반적으로는 회화, 조각, 건축 분야를 말하나 시와 음악까지 포함하는 개념으로 확장되기도 한다.

- **레디메이드(ready-made):** 사전적 의미로는 '기성품의, 전시용의 '작품이라는 뜻이지만, 뒤샹이 창조해낸 이후 예술적 측면에서 깊고 다양한 철학적 의미를 갖게 된 용어이다. 레디메이드는 뒤샹이 1913년부터 예술로서 전시하기 위해 임의로 선택한 양산된 제품에 붙인 말이다. 뒤샹은 소변기나 삽처럼 대량생산된 물건을 전혀 변형하지 않고 제목만 첨부한 후 전시함으로써 그 물건을 기성품 조각으로 승화시켰다.

- **안료(pigment):** 물과 같은 매재(媒材)에 용해되지 않고, 혼합되어 물감이 되는 분말. 천연 재료로는 광물성, 식물성, 동물성 안료가 있고, 인공적인 화학제도 있다.

- **테라코타(terra-cotta):** '구운 흙'이라는 뜻의 이탈리아어. 구우면 단단해지고 치밀해지는 점토의 성질을 이용해서 만든 여러 가지 형상의 조각이나 건축 장식용 제품. 여러 색깔과 특성을 지닌 점토를 이용하거나 화학 약품의 사용, 구워내기 방법 등을 이용해 다양한 색채의 제품을 만들 수 있다.

- **아르 브뤼(Art Brut):** 세련되지 않고 다듬어지지 않은 거친 형태를 지닌 미술로 '원생미술(原生美術)'로 번역된다. 프랑스의 화가 뒤뷔페가 1945년에 만들어낸 용어로, 아마추어들의 작품에 나타나는 일종의 순수한 미술을 지칭하기 위해 사용한 개념이다.

- **마티에르(matiere):** 질감(質感)을 뜻한다. 금속, 목재, 광물 따위의 물질이나 재료라는 뜻에서 물질이 지니고 있는 재질, 질감의 뜻으로 확대되었다. 흔히 유화 물감의 다양한 기법에 의해 나타나는데, 물감의 겹침, 광택, 필촉의 흔적, 팔레트나이프의 효과 등에 의해 풍부한 표현력을 얻는다.

- **모뉴먼트(monument):** 기념적인 목적을 위해 제작된 일종의 공공 조형물 일반을 총칭하는 용어. 넓은 의미로는 역사적, 문화적으로 의의가 있는 건축물이나 구조물, 대규모 조각, 기념비 등을 모두 포함한다.

- **아르테 포베라(Arte Povera):** '가난한' '빈약한' 미술이라는 의미이며 이탈리아의 비평가 첼란트가 1967년에 만든 용어로, 지극히 일상적인 재료를 사용한 삼차원적 미술을 말한다. 모래, 시멘트, 나뭇가지 등 구체적인 사물들을 가능하면 손질을 최소화하여 배치하면서 자연, 초자연, 언어, 역사 등에 대한 작가의 사색과 성찰을 은유적인 이미지를 통해 나타낸다.

- **그리자이유(grisaille):** 회화 및 공예 용어로서, 회색조의 색채만을 사용하여 그 명암과 농담으로 그리는 화법. 특히 르네상스 시대의 화가들이 모델링 효과를 나타내기 위해 많이 사용하였고, 경우에 따라 조각 작품을 닮게 그리는 데 응용되었다.

9. 공연장 – 공연기획자

- **마티네(matinee):** 연극·오페라·음악회 등의 낮 공연을 가리키는 예술 경영 용어. 낮에 펼쳐지는 공연으로 아침, 오전 중이라는 뜻의 프랑스어 마탱(matin)에서 유래하였다. 마티네에 대응해 야간 공연을 뜻하는 수아레(soir-e)라는 말도 있지만, 보통 공연은 저녁 시간대에 시작하기 때문에 잘 사용되지 않는다.

- **드레스 리허설(dress rehearsal):** 의상을 입고 조명·분장·무대장치 등을 사용하여 실제와 동일하게 행해지는 마지막 무대 연습으로, 실제 공연이나 방송과 똑같이 중단 없이 실시된다. 이때 배우의 위치 조절, 무대장치와의 조화 등을 중점적으로 다룬다.

- **런스루(Run-through):** 카메라를 작동하지 않고 전체 프로그램의 점검을 위한 마지막 예행 연습을 의미한다.

- **제시(Exposition):** 앞으로 진행될 극중 상황 이전에 어떤 배경과 상황이 선행되었는가를 설명해주는 것이다. 뮤지컬에서는 주로 노래를 통해서 전달되며 정확한 가사 전달과 분명한 발음이 특히 요구되는 부분이다.

- **쇼 스토퍼(Show Stopper):** 뮤지컬에서 유머러스한 노래나 연기를 삽입해서 일종의 기분 전환의 역할을 하는 부분으로, 이때 관객의 박수나 환호로 인하여 극의 진행이 사실상 끊어지게 되는 경우를 일컫는다. 극의 내용과 직접적인 연관이 없는 내용이나 노랫말로 이루어진 경우가 대부분이다.

- **오케스트라 피트(orchestra pit):** 오케스트라 박스라고도 한다. 오페라나 뮤직 등 주로 양악을 연주하는 극장에 있으며, 보통은 무대의 전면 풋 라이트 바로 앞에 바닥을 낮추어서 설치된다.

- **오픈 런(open run):** 공연이 끝나는 날짜를 지정하지 않고 지속적으로 공연하는 것을 말한다. 오픈 런은 상연 기간을 미리 확정하는 '리미티드 런(Limited Run)'과 반대되는 개념으로, 흥행 여부에 따라 공연이 몇 달 혹은 몇 년 동안 지속될 수도 있다.

- **트랩(trap):** 들어 올려서 여는 문. 이곳을 통해 예술가가 아래에서부터 무대로 드나든다.

- **프로시니엄(proscenium):** 무대 아래쪽에 있는 구역이다.

- **포이어(foyers):** 공연 시작 전과 막간에 관객들이 사용하는 공간이다.

- **디바(Diva):** '여신'이란 뜻의 이탈리아어로 오페라에서는 보통 최고 인기를 누리는 소프라노 가수, 특히 천부적 자질이 풍부한 여가수를 가리킨다. 최근에 대중가요계에서도 최고의 여자 가수를 일컬을 때 '디바'라고 한다.

- **커튼콜(curtain-call):** 연극이나 오페라, 음악회 등에서 공연이 훌륭하게 끝나고 막이 내린 뒤 관객이 찬사의 표현으로 환성과 박수를 계속 보내어, 무대 뒤로 퇴장한 출연자를 무대 앞으로 다시 나오게 불러내는 일을 말한다.

10. 우체국 – 집배원

- **등기우편:** 우편물의 안전한 송달을 보증하기 위하여 우체국에서 우편물을 접수할 때부터 수취인에게 배달될 때까지 기록·취급하여 분실 사고가 없도록 특별히 취급하는 제도이다.

- **배달증명:** 등기 우편물의 배달 일자 및 수취인을 배달 우체국에서 증명하여 발송인에게 통지해주는 것이다. 우편물을 발송할 때 이용하는 '발송 시 배달증명'과, 발송 후에 청구하는 '발송 후 배달증명'으로 구분된다.

- **요금별납 우편:** 같은 사람이 우편물의 종류와 우편요금 등이 동일한 우편물을 동시에 다량으로 발송하는 경우, 개개의 우편물에 우표를 붙이지 않고 대신 우편물 겉면에 '요금별납' 표시만을 하고, 요금은 현금으로 별도 납부하는 우편 서비스를 말한다.

- **국제 특급우편(Express Mail Service):** 가장 빠른 국제 간의 우편 서비스. 한국에서는 전국 166개 우체국(1993년 현재)과 민간 사송 업체에서 국제 특급우편물을 취급하고 있으며 취급물품은 서류·서신·상품견본·각종 자료 등이다. 배달 시간은 세계 주요 도시는 일반적으로 1일, 기타 지역은 2~4일이 소요된다.

- **우편집중국:** 우편 물량과 운송 거리를 고려해 수용 권역을 설정하고, 권역별로 이동하는 우편물의 발송 및 도착 과정에서 기준에 따라 기계시설 등을 이용하여 대량으로 일괄 처리하는, 대한민국 우정사업본부 소속의 우편물 처리 전담 기관이다.

- **소인(cancellation stamp, 消印):** 우체국에서 사용했다는 표시로 엽서나 우표 따위에 찍는 도장이나 찍는 일을 의미한다. 인지세법상의 소인은 과세 문서에 인지를 첨부한 후에는 반드시 첨부한 인지를 지면과 인지의 채문에 걸쳐 증명서, 통장 또는 장부 작성자의 인장 또는 서명으로써 분명히 날인하는 것을 말한다.

- **익일특급:** 접수 익일까지 수취인에게 배달되며 토요일 및 일요일, 공휴일은 배달되지 않는다.

- **국제 반신권(International Reply Coupon, IRC):** 우편을 송달할 때, 발송인이 상대방의 수취인에게 답신용의 우편요금을 부과시키지 않고 싶을 때 편지에 같이 동봉하여 보내는 국제 통용의 우표 대체 유가증권이다. 만국우편연합 회원국에서만 사용된다. 국제 반신권은 스위스 베른의 만국우편연합 본부에서만 인쇄하고 배포할 권리가 있다.

신문 잡지 등 기사 자료

뉴스타운 2016. 08. 11.
대전뉴스 2015. 06. 03.
매일경제 2015. 06. 18.
서울신문 2015. 12. 03.
중앙일보 2013. 06. 25. 발랄한 기획, 날렵한 몸집… 소규모 공연장이 대세
에너지 경제신문 2016. 08. 28.
이코노미스트 2016. 04. 18.

참고 사이트

국가도서관 통계시스템 www.libsta.go.kr
경찰청 홈페이지 www.police.go.kr
경찰통계연보
고용노동부 공식블로그 http://blog.naver.com/molab_suda/30137974001
공무원 임용령
공무원보수규정
공연 기획 입문. 2015. 11. 01. – 커뮤니케이션북스
교육통계연보
교육기본통계
나무위키 (주민센터)
나의 직업 경찰관
나의 직업 공무원
나의 직업 은행원
나의 직업, 선생님 – 청소년행복연구실 저, 2013. 11. 12. – 동천출판
나의 직업, 소방관 – 청소년행복연구실 저, 2013. 11. 12. – 동천출판
네이버 지식백과
네이버백과
네이버캐스트
동백동 주민센터 홈페이지
두산백과
매경닷컴
법관의 보수에 관한 규칙 – 별표1
법원 홈페이지
블로그 | http://blog.naver.com/leeha1005/220642014181
블로그 공닥사 | http://cafe.naver.com/kts9719/560259
블로그 닥공사 | http://cafe.naver.com/kts9719/562338

블로그 (진로,입시 컨설팅 투모라이즈프로닷컴) | http://tomorize.blog.me/220014562840
블로그 서울시교육청 공식블로그 – 서울교육나침반
블로그 | https://blog.naver.com/kkmkm2001/220846154285
네이버 포스트 | http://m.post.naver.com/viewer/postView.nhn?volumeNo=4847422&memberNo=183099&vType=VERTICAL
블로그 | https://blog.naver.com/topbirds/221143594557
블로그 | https://blog.naver.com/journal_1987/221114923876
블로그 | http://asdqasdq.tistory.com/36
수원여대 시각디자인학과 홈페이지
시사상식사전
CJ도너스 캠프 블로그 | http://blog.naver.com/donorscamp05/220648196973
우정사업본부 홈페이지
우정직 공무원 봉급표
웅진학습백과사전
워크넷
위키백과
이해하기 쉽게 쓴 행정학용어사전
전국문화시설총람 2015
제천소방서 홈페이지
한국도서관협회
한국민족문화대백과, 한국학중앙연구원
한국직업전망
핵심가이드 집배원 면접
행정자치부 홈페이지 – 2014년도 지방자치단체 행정구역 및 인구현황
Britannica Visual Dictionary (www.ikonet.com)

단행본 및 간행물

〈문화의 길을 묻다〉 정창재 지음. 다할미디어.
〈미술관의 미래, 현대의 예술과 미학〉 서울대학교출판부
우정사업본부 직제시행규칙 별표 1
〈죽기 전에 꼭 봐야 할 세계 건축〉 마로니에북스
〈죽기 전에 꼭 봐야 할 세계 역사 유적〉 마로니에북스
〈큐레이터 그리고 미술관〉 한미애 지음. 아트블루
〈행정자치부 (2007년도 행정자치위원회)〉 국정감사 요구자료
〈2014 한국출판연감〉 2014 한국도서관연감 참조
〈2015 문화예술실태조사〉 문화체육관광부

14, 15p

헤럴드경제

http://news.naver.com/main/read.nhn?mode=LSD&mid=sec&sid1=104&oid=016&aid=0001102266

16p

라디오코리아

http://www.radiokorea.com/news/article.php?uid=177141

17p

daum 블로그

http://blog.daum.net/_blog/BlogTypeView.do?blogid=0LDih&articleno=1245

35p

연합뉴스

http://news.naver.com/main/read.nhn?mode=LSD&mid=sec&sid1=100&oid=001&aid=0006603471

35p

프라임경제

http://www.newsprime.co.kr/news/article.html?no=311779

36p

doopedia

http://terms.naver.com/entry.nhn?docId=1201023&cid=40942&categoryId=34509

37p

경기일보

http://www.kyeonggi.com/?mod=news&act=articleView&idxno=1155137

37p

doopedia

http://terms.naver.com/entry.nhn?docId=1123904&cid=40942&categoryId=38271

40p

Britannica Visual Dictionary © QA International 2012.
http://www.ikonet.com

41p

NAVER 포토갤러리

http://photo.naver.com/galleryn/18/407#photo_one

41p

중부매일

http://www.jbnews.com/news/articleView.html?idxno=773455

경북매일신문

http://www.kbmaeil.com/news/articleView.html?idxno=307949

42p

연합뉴스

http://news.naver.com/main/read.nhn?mode=LSD&mid=sec&sid1=102&oid=001&aid=0007332960

43p

환경일보

http://www.hkbs.co.kr/news/articleView.html?idxno=306644

44p

NAVER 포토 갤러리

http://photo.naver.com/view/2011010216583647634

44p

헬스조선 (사진 제공−조선일보 DB)

http://news.naver.com/main/read.nhn?mode=LSD&mid=sec&sid1=103&oid=346&aid=0000002936

54p

NAVER 지식백과

http://terms.naver.com/entry.nhn?docId=3379327&cid=47333&categoryId=47333

55p

아시아 투데이 (사진−연합뉴스)

http://www.asiatoday.co.kr/view.php?key=20170323010015309

55p

NAVER 지식백과

http://terms.naver.com/entry.nhn?docId=3583431&cid=58584&categoryId=59155

56p

NAVER 지식백과 (디지털천안문화대전)

http://terms.naver.com/entry.nhn?docId=2571081&cid=51930&categoryId=54185

55p

NAVER 지식백과 (디지털양주문화대전)

http://terms.naver.com/entry.nhn?docId=2659089&cid=51886&categoryId=53495

56p

세계일보

http://news.naver.com/main/read.nhn?mode=LSD&mid=sec&sid1=102&oid=022&aid=0003032519

56p
NAVER 지식백과 (디지털부산문화대전)
http://terms.naver.com/entry.nhn?docId=2825234&cid=55785&categoryId=56540

56p
파이낸셜 뉴스
http://news.naver.com/main/read.nhn?mode=LSD&mid=sec&sid1=102&oid=014&aid=0002715798

62p
법률신문
https://www.lawtimes.co.kr/Legal-News/Legal-News-View?serial=89960

65p
세계일보
http://news.naver.com/main/read.nhn?mode=LSD&mid=sec&sid1=102&oid=022&aid=0003030658

66p
세계일보
http://news.naver.com/main/read.nhn?mode=LSD&mid=sec&sid1=102&oid=022&aid=0003025010

76p
디지털도봉문화대전
http://terms.naver.com/entry.nhn?docId=2595540&cid=51880&categoryId=53242

78p
디지털강남구 문화대전
http://terms.naver.com/entry.nhn?docId=2572704&cid=51878&categoryId=51958

79p
NAVER 블로그
http://blog.naver.com/rkd081206/50192029329

82p
뉴시스 (사진-구로소방서 제공)
http://news.naver.com/main/read.nhn?mode=LSD&mid=sec&sid1=102&oid=003&aid=0005167770

83p
NAVER 지식백과(디지털강남구문화대전)
http://terms.naver.com/entry.nhn?docId=2572703&cid=51878&categoryId=51958

83p
NAVER 포스트
http://post.naver.com/viewer/postView.nhn?volum

eNo=8636508&memberNo=183099&vType=VERTICAL

92p
pixabay
https://pixabay.com/ko/%EA%B8%88%EC%9D%80-%EB%8F%88%EC%9D%B4%EB%8B%A4-%EA%3%A8%EB%93%9C-%EB%B0%94%EC%88%8D-%EA%3%A8%EB%93%9C-%EB%8F%88-%EC%82%AC%EC%97%85-%EC%87%BC%ED%95%91-%ED%88%AC%EC%9E%90-%EB%B0%94-2430052/

94p
뉴시스
http://news.naver.com/main/read.nhn?mode=LSD&mid=sec&sid1=101&oid=003&aid=0007308020

102p
NAVER 지식백과(디지털인천남구문화대전)
http://terms.naver.com/entry.nhn?docId=2623510&cid=51927&categoryId=53654

105p
연합뉴스
http://news.naver.com/main/read.nhn?mode=LSD&mid=sec&sid1=102&oid=001&aid=0005433186

107p
doopedia
http://terms.naver.com/entry.nhn?docId=1207932&cid=40942&categoryId=38271

NAVER 지식백과(디지털제천문화대전)
http://terms.naver.com/entry.nhn?docId=2627971&cid=51893&categoryId=53857

112p
연합뉴스
http://news.naver.com/main/read.nhn?mode=LSD&mid=sec&sid1=102&oid=001&aid=0005919625

113p
헤럴드경제
https://search.naver.com/search.naver?where=image&sm=tab_jum&ie=utf8&query=%EA%B2%BD%EC%B0%B0%ED%8A%B9%EA%B3%B5%EB%8C%80#imgId=news0160000888184_1&vType=rollout

115p
NAVER 블로그
http://blog.naver.com/itsosori/220372006025

127p
doopedia
http://terms.naver.com/entry.nhn?docld=1066847&cid=40942&categoryld=34687

128p
NAVER 블로그
http://blog.naver.com/hsplus0427/130100103895

140p
pixabay
https://pixabay.com/ko/%EA%B5%AD%EB%A6%BD-%EB%AF%B8%EC%88%A0%EA%B4%80-%EC%95%94%EC%8A%A4%ED%85%8C%EB%A5%B4%EB%8B%B4-%EB%B0%95%EB%AC%BC%EA%B4%80-%EC%82%AC%EC%9E%8C%EB%93%A4-%EB%B2%A4%EC%B9%98-%EA%B7%B8%EB%A6%BC-%EC%8B%9C%EA%B3%84-1170353/

146p
pixabay
https://pixabay.com/ko/%EA%B0%A4%EB%9F%AC%EB%A6%AC-%EA%B7%B8%EB%A6%BC-%EC%9D%8C%EC%95%85-1372575/

144p
NAVER 블로그
http://blog.naver.com/jimsclub/80099536322

NAVER 지식백과
http://terms.naver.com/entry.nhn?docld=3336060&cid=42856&categoryld=42856

148p
서울경제
http://news.naver.com/main/read.nhn?mode=LSD&mid=sec&sid1=102&oid=011&aid=0002278893

158p
건설경제
http://www.cnews.co.kr/uhtml/read.jsp?idxno=201707121425396060405

166p
pixabay
https://pixabay.com/ko/%EB%B0%9C%EB%A0%88%EB%A6%AC-%EB%82%98-%EB%B0%9C%EB%A0%88-%EC%84%B1-1%EB%8A%A5-%EB%8F%88-%ED%82%A4%ED%98%B8%ED%85%8C-%EB%8C%84%EC%84%9C-%EC%97%AC%EC%9E%90-%EC%88%98%EC%9E%94-%EB%B2%A8%EB%A1%9C-534356/

174p
doopedia
http://terms.naver.com/entry.nhn?docld=1191591&cid=40942&categoryld=39632

177p
연합뉴스
http://news.naver.com/main/read.nhn?mode=LSD&mid=sec&sid1=102&oid=001&aid=0009373942

179p
뉴시스(서울지방우정청 제공)
http://news.naver.com/main/read.nhn?mode=LSD&mid=sec&sid1=102&oid=003&aid=0005371430

181p
위키트리
http://www.wikitree.co.kr/main/news_view.php?id=287555

10대를 위한
직장의 세계 5 도시

초판 1쇄 발행   2018년 7월 25일

저　　자 ｜ 스토리텔링연구소
발 행 인 ｜ 신재석
발 행 처 ｜ (주)삼양미디어
등록번호 ｜ 제10-2285호
주　　소 ｜ 서울시 마포구 양화로 6길 9-28
전　　화 ｜ 02-335-3030
팩　　스 ｜ 02-335-2070
홈페이지 ｜ www.samyang𝓜.com
I S B N ｜ 978-89-5897-360-7(44370)
　　　　　 978-89-5897-355-3(44370)(6권 세트)